머리말

수업 시간이 만만해지는 즐거운 상상

　똑똑박사가 되고 싶은 친구들, 여기 여기 모이세요! 우리 친구들을 위해 냥냥이 친구들이 힘을 모았거든요. 냥냥이 친구들이요? 네, 맞아요. 냥냥이 친구들은 괜찬냥, 머라냥, 예뽀냥, 모르냥, 알갓냥, 어쩌냥 이렇게 여섯 마리의 사랑스러운 고양이 친구들이에요, 초등 친구들의 어휘를 한 방에 해결해주기 위해 이번에도 똘똘 뭉쳤답니다.

　이 책을 통해 냥냥이 친구들과 함께 해결해볼 어휘는 어떤 것들일까요? 교과서에서 배웠던 어휘냐고요? 땡, 아닙니다! 사회 교과서에도, 과학 교과서에도 나오지 않지만 똑똑박사가 되고 싶은 친구라면 알고 있어야 할 신문 기사 속 어휘들이 이 책에 쏙쏙 모여 있어요. 분명히 어디에선가 들어본 적은 있는데 정확한 의미를 몰라 설명할 수 없었고, 어렵게 느껴졌고, 궁금하기도 했던 신문 기사 속 어휘를 냥냥이 친구들과 함께 힘차게 해결해볼 거예요.

　이 책 속 어휘들을 공부하면 나에게 어떤 좋은 점이 있을까요?

첫째, 텔레비전 뉴스가 어렵지 않게 느껴져요.

　텔레비전 뉴스를 보면서 세상이 어떻게 돌아가는지 알고 싶은데, 이상하게 느껴질 만큼 볼 때마다 어렵고 힘들었을 거예요. 그건 바로 모르는 어휘가 많기 때문이랍니다. 어휘 때문에 머리 아팠던 경험은 이제 그만! 텔레비전 뉴스를 볼 때 모르는 어휘가 사라지면 하나하나 부모님께 여쭤보거나 사전을 찾아보지 않아도 뉴스의 내용을 이해할 수 있게 된답니다.

둘째, 어른 신문을 읽을 수 있는 놀라운 초등학생이 되지요.

　초등학생이 어른 신문을 읽을 수 있다고요? 정말요? 그럼요! 냥냥이 친구들과 함께 이 책 속 어휘들을 공부했다면 어른 신문을 읽을 때에도 자신감이 생길 거예요. 어른 신문을 꾸준히 읽으면 세상을 보는 눈이 넓어지는 특별한 힘이 생기는데요, 이 경험은 중학생이 되어 교과서를 배우고 공부할 때 막힘없이 술술 읽고 이해할 수 있는 강력한 무기가 된답니다.

셋째, 우리 반 친구들이 부러워하는 똑똑박사가 될 거예요.

'와, 너 이거 어떻게 알아?'라며 깜짝 놀라는 친구들의 부러움을 받아본 적이 있나요? 친구들은 모르는 뉴스 속, 신문 속 어휘들의 의미를 척척 설명해내는 나를 보며 부러워하고 신기해할 우리 반 친구들의 모습, 상상이 되나요? 냥냥이 친구들과 함께 이 책 속 어휘들을 하나씩 공부하고 나면 친구들의 부러움을 한 몸에 받는 우리 반 똑똑박사가 될 거예요.

와! 어서 빨리 시작하고 싶어지죠?

그렇다면 냥냥이 친구들이 소개하는 다음 세 가지 공부 방법을 추천합니다.

첫째, 평소에 가장 궁금했던 어휘부터 시작하세요.

몰랐던 걸 알아가는 가장 빠르고 확실한 방법은 나의 궁금증에서 출발하는 것이랍니다. 한번도 들어본 적이 없거나 궁금한 적이 없는 어휘는 일단 패스! 언젠가 한 번 써본 적이 있거나, 자주 들어봤지만 그 의미를 정확히 모르는 어휘를 찾아 그것부터 시작하세요. MBTI가 왜 MBTI인지 궁금해본 적 있다면 오늘의 어휘는 MBTI로 결정!

둘째, 어휘의 의미를 알게 되었다면 설명해보세요.

눈으로만 읽는 공부는 이제 그만, 머릿속에 있는 지식을 설명할 수 있어야 진짜 제대로 아는 것이랍니다. 오늘 새롭게 알게 된 어휘가 있다면 가족 중 한 사람에게 설명해보세요. 마치 내가 우리 집 어휘 선생님이 된 것처럼 말이죠. 하지만 마침 오늘 우리 가족이 너무 바빠서 내 설명을 들어줄 수 없다면, 귀염둥이 우리 집 강아지나 내 침대 위에서 쿨쿨 자고 있는 예쁜 인형들에게 설명해도 재미있을 거예요.

셋째, 신문 기사 속에서 오늘의 어휘를 찾아보세요.

냥냥이 친구들이 찾아온 신문 기사 속에는 오늘 내가 새롭게 알게 된 바로 그 어휘가 숨어 있어요. 어휘가 갑자기 어디에서 툭, 하고 나타날지 모르니 집중해서 꼼꼼히 읽어보세요. 그러다 마침내 어느 문장 속에서 어휘를 발견했다면 '찾았다!'라고 외치며 그 어휘를 형광펜으로 예쁘게 표시해 보세요. 그러고 난 후에는 그 문장을 소리 내어 읽는 것도 추천해요. 훨씬 오래 기억에 남도록 도와주는 최고의 공부법이랍니다.

**자, 그럼 첫날인 오늘은 어떤 어휘부터 시작해 볼까요?
오늘의 어휘를 찾아 냥냥이 친구들과 함께 출발!**

이 책의 구성과 특징

> 어휘의 뜻을 쉽고 자세하게 설명하여 최신어를 쉽게 이해할 수 있다.

> 한자어인 경우 그 음과 뜻을 알려 주고, 한자어가 아닌 경우 영어 표기법을 적어 어휘의 이해도를 높인다.

> 그림을 보면서도 어휘를 학습할 수 있도록 한다.

> 어휘를 활용한 대화를 통해 어휘의 어원이나 유래, 배경 지식을 학습할 수 있다.

04 촉법소년

촉법소년은 범죄를 저질러도 형사 처벌을 받지 않는 10세 이상 14세 미만의 청소년을 말해요. 촉법소년은 형사 책임(불법 행위에 대해 져야 할 법률적인 책임) 능력이 없기 때문에 형사 처벌 대신 보호자 감호 위탁, 사회 봉사, 소년원 송치 따위의 보호 처분을 받아요. 이때 받은 보호 결정은 다 자란 후 그 사람에게 어떠한 영향도 미치지 않아요.

닿을 **촉** · 법 **법** · 젊을 **소** · 해 **년**

이게 촉법소년? 法(법)

10세에서 14세 사이에는 법을 어겨도 촉법소년이라고 하여 형사 처벌을 받지 않는대.

그럼 10세 미만이거나, 14세 이상은?

10세 미만은 범법소년으로 어떠한 법적 처벌도 받지 않아. 하지만 14세 ~ 19세 미만은 범죄소년으로 형사 처벌을 받을 수도 있어.

촉법소년은 법의 영향력이 닿기 시작하는 시기의 청소년이구나.

기사 속 어휘 찾기

공부한 날:

촉법소년 2021년 1만 명 넘어서… 연령 하향 논의

경찰이 지난해 법원 소년부로 송치한 촉법소년이 1만 명을 넘은 것으로 나타났습니다. 소년부 송치 촉법소년이 1만 명 이상을 기록한 것은 2012년 이후 9년 만입니다. 최근 청소년 범죄가 갈수록 늘어나고 흉악하고 포악해지면서 법무부가 촉법소년 연령 하향을 본격 추진하는 가운데, 이에 대한 찬반 갈등은 더 거세질 전망입니다.

-중략-

2017년 7,533명에서 2018년 7,364명으로 소폭 줄어들었지만, 2019년 8,615명, 2020년 9,606명으로 3년 연속 증가했습니다. 법원 기록 또한 경찰 데이터와 유사한 추세를 보이고 있습니다. 법원통계월보에 따르면 촉법소년 접수 건수는 2017년 7,897건에서 지난해 1만 2,502건으로 증가율은 58.3 %로 50 %를 훨씬 넘어섭니다.

촉법소년은 성인과 달리 형사 처벌이 아닌 사회 봉사나 소년원 송치 따위의 보호 결정을 받습니다. 현행 소년법의 목적이 처벌보다 교화에 무게를 두고 있기 때문입니다. 그러나 청소년 강력 범죄가 늘면서 촉법소년 연령 하향에 대한 논의도 활발합니다.

세계일보(백준무 · 이희진 · 장한서 기자) | 2022.06.27.

기사 속 '촉법소년'을 찾아

어휘를 활용한 기사를 읽으면서 어휘의 활용을 높일 수 있다.

괜찬냥의 하루

요즘 형사 처벌을 받지 않는다는 점을 이용해 촉법소년이 늘어나고 있대.

범죄를 저지르는 것도 나쁘지만, 처벌 받지 않는다는 걸 이용하는 마음은 더 나쁘다냥!

그럼 촉법소년을 없애야 할까? 아니면 12세 정도로 나이를 낮추어야 할까?

청소년들이 법을 지키기 위해 노력한다면 고민하지 않아도 될 텐데….

진지한 머라냥의 모습, 낯설구나!

뭐라냥! 나도 진지하게 고민할 줄 아는 냥이라고!

어휘를 활용한 재미있는 만화를 통하여 자연스럽게 어휘를 한번 더 인지한다.

차 례

확인	어휘	쪽수
○	**01.** 스쿨 존(School Zone)	12
○	**02.** 민식이법	14
○	**03.** 청탁금지법	16
○	**04.** 촉법소년	18
○	**05.** 특허권	20
○	**06.** 경제협력개발기구(OECD)	22
○	**07.** 세계무역기구(WTO)	24
○	**08.** 유네스코(UNESCO)	26
○	**09.** 팬데믹(Pandemic)	28
○	**10.** 엔데믹(Endemic)	30
○	**11.** 투자	32
○	**12.** 주식	34
○	**13.** 주주 총회	36
○	**14.** 펀드(Fund)	38

확인	어휘	쪽수
○	15. 가상 화폐	40
○	16. 예금	42
○	17. 스타트업(Start-up)	44
○	18. 국민연금	46
○	19. 최저 시급	48
○	20. 바우처(Voucher)	50
○	21. 콘텐츠(Contents)	52
○	22. 플랫폼(Platform)	54
○	23. 네트워크(Network)	56
○	24. 소셜 네트워크 서비스(SNS)	58
○	25. 오버 더 탑(OTT)	60
○	26. 브이로그(Vlog)	62
○	27. 인플루언서(Influencer)	64
○	28. 온라인/오프라인(Online/Offline)	66
○	29. 스크린 타임(Screen time)	68
○	30. 인프라(Infra)	70
○	31. MZ 세대	72
○	32. 알파 세대	74

확인	어휘	쪽수
○	**33.** 가성비/가심비	76
○	**34.** MBTI	78
○	**35.** 트렌드(Trend)	80
○	**36.** 워라밸(Work and Life)	82
○	**37.** 베지테리언(Vegetarian)	84
○	**38.** 사회적 소수자	86
○	**39.** 난민	88
○	**40.** 보이스 피싱(Voice fishing)	90
○	**41.** 인플레이션(Inflation)	92
○	**42.** 환율	94
○	**43.** 소상공인	96
○	**44.** 키오스크(Kiosk)	98
○	**45.** 안전 불감증	100
○	**46.** 청와대	102
○	**47.** 대선	104
○	**48.** 시위	106
○	**49.** 보이콧(Boycott)	108
○	**50.** 노쇼(No-Show)	110

등장 인물 소개

괜찬냥
언제나 친구들을 먼저 따뜻하게 챙긴다.
친구에게 어려움이 있을 때 괜찮냐고 묻고 도와준다.

머라냥
친구들의 말을 열심히 안 듣고 있다가
나중에 엉뚱한 소리를 한다.

예뽀냥
예쁘고 발랄한 공주님 같은 고양이.
예쁜 것을 보면 정신을 못차리고 갖고 싶어 한다.

모르냥
잘 몰라서 새로운 내용이 나올 때마다 깜짝 놀란다.
친구들이 알려 주면 고마워한다.

알갓냥
똑똑하고 아는 게 많고 책을 좋아하고 자신감이 넘치고
잘난 척을 한다.

어쩌냥
사고를 치고 덜렁거리며 구멍이 많지만 해맑다.
일부러 그러는 건 아니지만 친구들에게 피해를 줄 때도 있다.

01 스쿨 존(School Zone)

학교 주변에서 어린이 보호 구역이라는 표지판을 본 적 있죠? 어린이 보호 구역과 스쿨 존은 같은 말이에요.

어린이들이 교통사고의 위험으로부터 안전하게 다닐 수 있도록 초등학교, 특수학교, 유치원, 어린이집 따위의 정문에서 300 m 이내를 스쿨 존으로 정했어요. 스쿨 존에는 안전 표지판, 과속 방지 턱, 과속 카메라 따위가 설치되어 있으며, 자동차의 속도를 시속 30 km 이하로 제한하고 있어요. 또한 이 지역에서는 주차 및 정차(차를 멈추고 5분이 넘지 않는 상태)도 금지하고 있어요.

냥냥 톡(talk)

학교 앞 도로에 스쿨 존이라고 쓰여진 교통 표지판이 있던데, 스쿨 존이 뭐냥?

영어 시간에 졸지 않았다면 쉽게 알 수 있을 텐데. 스쿨(School)은 학교라는 뜻이잖아. 이건 기본 중에 기본이라고.

스쿨이야 나도 알지. 합쳐 놓은 스쿨 존을 몰랐을 뿐….

존(Zone)은 지역이라는 뜻이야. 어린이들이 많이 다니는 학교 주변 지역에서 교통사고가 일어나지 않도록 보호 지역으로 정한다는 말이지. 어린이 보호 구역, 스쿨 존!

올해 인천 스쿨 존 교통사고 50 % 감소, 사망자 '0'

인천시는 올해 추진한 '스쿨 존 안전 확보 사업'을 통해 스쿨 존 내 어린이 교통사고 발생 건수 50 %, 사망자 100 % 감소 성과를 거뒀다고 11일 밝혔습니다.

인천경찰청 잠정 통계에 따르면 스쿨 존 내 어린이 교통사고 발생 건수는 전년 대비 28건에서 14건으로, 사망자는 1명에서 0명으로 각각 줄었습니다. 부상자도 전년 27명에서 14명으로 줄었습니다.

인천시는 또한 어린이의 보행 특성과 안전 위험 요인을 반영한 맞춤형 교통 안전 시설물 설치, 횡단보도 조명 강화, 무인 교통 단속 장비 설치 따위를 통해 스쿨 존 내 교통안전 강화에 힘쓰겠다고 했습니다.

김을수 시 교통정책과장은 "위험한 상황에 대처하는 능력이 상대적으로 낮은 어린이의 교통사고를 예방하기 위해 교통안전시설을 강화하고 인천경찰청, 도로교통공단과 같은 유관 기관과 협력해 어린이 보호 구역 내 어린이 교통사고 발생 '제로'를 이룰 수 있도록 최선을 다할 것"이라고 말했습니다.

news1(강남주 기자) | 2022.07.11.

기사 속 '스쿨 존'을 찾아보세요.

02 민식이법

민식이법은 스쿨 존에서 발생하는 어린이들의 교통사고를 줄이기 위한 '도로교통법과 특정범죄가중처벌 등에 관한 법률'을 말해요.

2020년 3월 25일부터 시행되고 있는 민식이법은 스쿨 존에서 운전자의 부주의로 12세 미만의 어린이를 사망하게 하면 무기 또는 3년 이상의 징역에 처하며, 어린이를 다치게 하면 1년 이상 15년 이하의 징역이나 500만 원 이상 3,000만 원 이하의 벌금을 부과할 수 있다는 내용이에요.

이곳에서만큼은 더 주의하여 운전해야 한다냥!

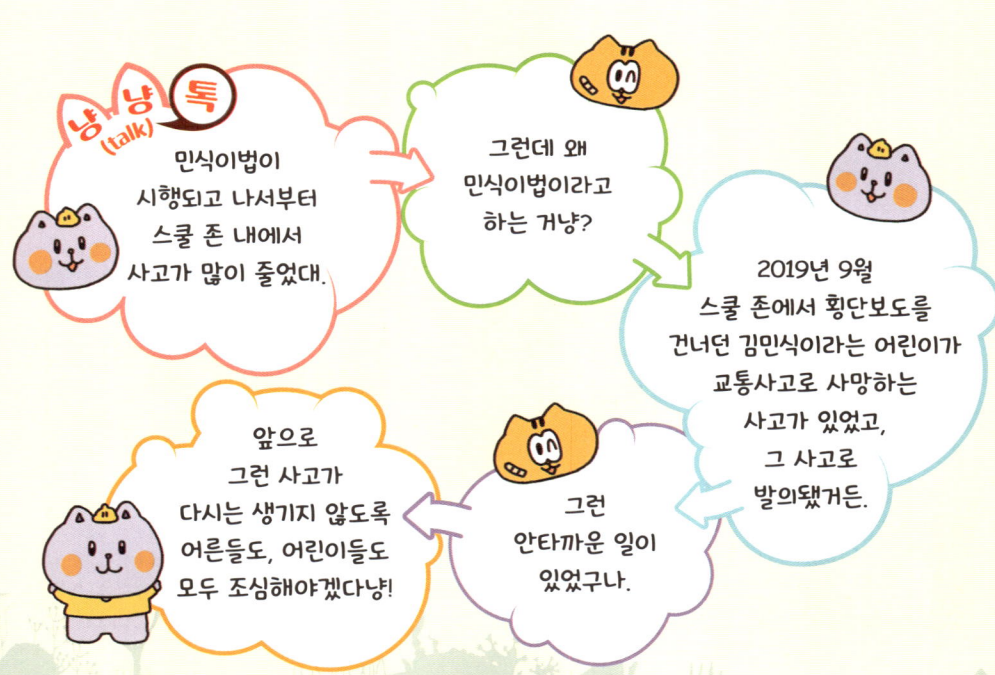

냥냥톡(talk)

민식이법이 시행되고 나서부터 스쿨 존 내에서 사고가 많이 줄었대.

그런데 왜 민식이법이라고 하는 거냥?

2019년 9월 스쿨 존에서 횡단보도를 건너던 김민식이라는 어린이가 교통사고로 사망하는 사고가 있었고, 그 사고로 발의됐거든.

그런 안타까운 일이 있었구나.

앞으로 그런 사고가 다시는 생기지 않도록 어른들도, 어린이들도 모두 조심해야겠다냥!

민식이법, 초등학교 교통사고 200명 → 70명 '급감'

　스쿨 존 내 교통사고를 줄이기 위한 일명 '민식이법(도로교통법과 특정범죄가중처벌 등에 관한 법률)' 시행 이후 경남에서는 초등학생 교통사고 피해가 대폭 줄어든 것으로 나타났습니다. 도로교통공단 울산경남지부는 최근 5년간 경남지역 초등학생 보행자의 교통사고 발생 현황을 정리해 28일 발표하였습니다.

―중략―

　대략 170명에서 200명을 오가던 초등생 사상자는 2020년 들어서 70명대로 대폭 줄었고, 전년도와 비교하면 약 57 % 정도 줄어든 셈입니다. 이러한 결과는 2020년 3월 '민식이법'이 본격 시행되면서 영향을 받은 것으로 생각되어 집니다.

　5년간 도내 초등학생 보행자 사상자 총 817명 중 어린이 보호 구역 내 교통사고는 73건으로 8.9 % 정도로 비교적 낮은 것으로 나타났습니다. 나머지는 어린이 보호 구역 밖에서 난 교통사고입니다.

news1(강대한 기자) | 2022.02.28.

기사 속 '민식이법'을 찾아보세요.

03 청탁금지법

청탁금지법 혹은 김영란법에 대해 들어본 적 있나요? 정식 명칭은 '부정청탁 및 금품 등 수수의 금지에 관한 법'이고, 다른 말로 김영란법이라고도 해요. 2015년 3월 27일에 공포되어 18개월의 유예 기간을 거친 후 2016년 9월 28일부터 시행되었어요.

청탁금지법은 처음에 공직자(공무원, 국회의원 따위)의 바르지 않은 금품 수수를 막겠다는 목적으로 생겼지만, 언론인, 사립학교 교직원에게까지 적용 대상이 확대되었어요. 1회 100만 원(연간 300만 원) 이상의 금품을 받을 경우 형사 처벌을 받는다는 것이 주요 내용이며, 부정 청탁을 한 사람에게도 과태료가 부과되어요.

이 선물 드리면 선생님께서 날 용서해 주시겠지?

큰일 날 소리! 김영란법 모르냥?

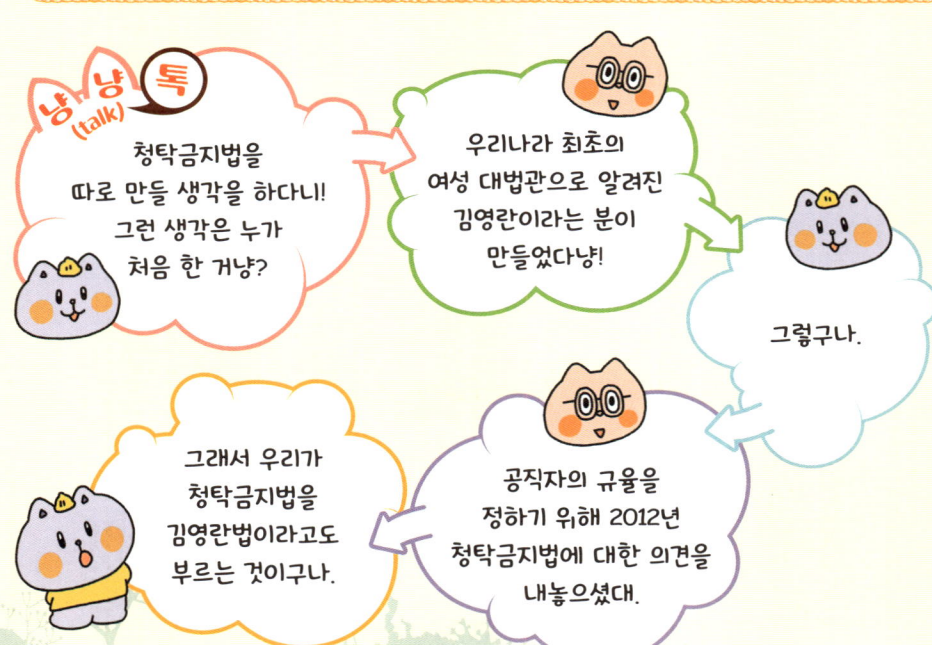

냥냥톡(talk)

청탁금지법을 따로 만들 생각을 하다니! 그런 생각은 누가 처음 한 거냥?

우리나라 최초의 여성 대법관으로 알려진 김영란이라는 분이 만들었다냥!

그렇구나.

공직자의 규율을 정하기 위해 2012년 청탁금지법에 대한 의견을 내놓으셨대.

그래서 우리가 청탁금지법을 김영란법이라고도 부르는 것이구나.

기사 속 어휘 찾기

공부한 날: 월   일

김영란법 적용 대상 잊지는 않았나요?

　2016년에 김영란법으로 불리는 '부정청탁 및 금품 등 수수의 금지에 관한 법'(청탁금지법)이 시행되었을 때 많은 걱정이 있었습니다. 법으로 정하는 과정부터 현실성이 떨어진다는 의견, 그리고 소상공인에게 막대한 타격을 입힐 것이라는 의견이 많았습니다. 그런데 막상 시행되고 보니 오히려 이러한 걱정을 잠재우고 우리 사회에 긍정적인 큰 변화를 불러왔습니다. 최소한 공직 사회, 언론계의 그릇된 접대 문화가 많이 사라진 것입니다. 실제로 제도 시행 이후 공직 사회나 언론계 사람들과 식사를 할 때도 상한선을 지키는 문화가 생겼습니다.

　최근 경남도청 출입 기자가 구속되는 일이 있었습니다. 이 기자는 김영란법을 정면으로 위반했다는 혐의로 구속되었습니다. 해당 기자는 혐의를 부인하고 있지만, 그가 받아 챙긴 돈은 수억 원에 달하는 것으로 알려졌습니다.

　사건이 커지자 해당 언론사는 해당 기자를 해고했습니다. 또, 사과문을 통해 "기자 개인의 일탈 행위라 하더라도 동료 기자들에게 커다란 상처를 입혔고, 경남도 관계자들에게 신뢰를 저버렸다는 점에서 회사 역시 책임을 통감하고 있다."고 밝혔습니다.

경남도민일보(주찬우 시민사회부장) | 2022.06.16.

기사 속 '청탁금지법'을 찾아보세요.

04 촉법소년

촉법소년은 범죄를 저질러도 형사 처벌을 받지 않는 10세 이상 14세 미만의 청소년을 말해요. 촉법소년은 형사 책임(불법 행위에 대하여 형벌을 받아야 할 법률적인 책임) 능력이 없기 때문에 형사 처벌 대신 가정법원에서 감호 위탁, 사회 봉사, 소년원 송치 따위의 보호 결정을 내려요. 그리고 이때 받은 보호 결정은 다 자란 후 그 소년에게 어떠한 영향도 미치지 않아요.

觸 法 少 年
닿을 촉 법 법 젊을 소 해 년

냥냥톡 (talk)

 10세에서 14세 사이에는 법을 어겨도 촉법소년이라고 하여 형사 처벌을 받지 않는대.

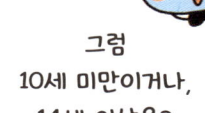 그럼 10세 미만이거나, 14세 이상은?

10세 미만은 범법소년으로 어떠한 법적 처벌도 받지 않아. 하지만 14세 ~ 19세 미만은 범죄소년으로 형사 처벌을 받을 수도 있어.

 촉법소년은 법의 영향력이 닿기 시작하는 시기의 청소년이구나.

기사 속 어휘 찾기

공부한 날: 월   일

촉법소년 2021년 1만 명 넘어서… 연령 하향 논의 힘 받나

경찰이 지난해 법원 소년부로 송치한 촉법소년이 1만 명을 넘은 것으로 확인됐습니다. 소년부 송치 촉법소년이 1만 명 이상을 기록한 것은 2012년 이후 9년 만입니다. 최근 청소년 범죄가 갈수록 늘어나고 흉악하고 포악해지면서 법무부가 촉법소년 연령 하향을 본격 추진하는 가운데, 이에 대한 찬반 갈등은 더 거세질 전망입니다.

-중략-

2017년 7,533명에서 2018년 7,364명으로 소폭 줄어들었지만, 2019년 8,615명, 2020년 9,606명으로 3년 연속 증가했습니다. 법원 기록 또한 경찰 데이터와 유사한 추세를 보이고 있습니다. 법원통계월보에 따르면 촉법소년 접수 건수는 2017년 7,897건에서 지난해 1만 2,502건으로 증가율은 58.3 %로 50 %를 훌쩍 넘어섭니다.

촉법소년은 성인과 달리 형사 처벌이 아닌 사회 봉사나 소년원 송치 따위의 보호 결정을 받습니다. 현행 소년법의 목적이 처벌보다 교화에 무게를 두고 있기 때문입니다. 그러나 청소년 강력 범죄가 늘면서 촉법소년 연령 하향에 대한 논의도 활발합니다.

세계일보(백준무·이희진·장한서 기자) | 2022.06.27.

기사 속 '촉법소년'을 찾아보세요.

05 특허권

특허권은 새로운 기술이나 물건을 개발한 경우, 특허법에 의하여 일정 기간 동안 발명한 기술이나 물건을 가질 수 있는 권리를 말해요.

특허로 등록되기 위해서는 산업상 이용 가능성, 신규성, 진보성 따위의 요건을 충족해야 하고, 요건이 충족되어 특허권을 가지게 되면 특허권자를 제외한 다른 사람은 특허권자의 동의 없이 그 특허 발명을 사용할 수 없어요. 만약 특허권이 침해받았다면 민·형사상 소송을 제기할 수 있지요.

特 특별할 특
許 허락할 허
權 저울추 권

- 난 특허를 내서 용돈을 벌 거야.
- 어느 세월에….

냥냥톡(talk)

- 특별한 기술을 발명했을 때 받을 수 있는 것이 특허권이구나.
- 아무도 발명하지 않았던 최초의 발명이어야 특허를 받을 수 있어. 그리고 실제로 활용할 수 있어야 하고.
- 그럼 특허를 받을 만한 기술인지는 누가 결정하냥?
- 그건 특허청이라는 곳에서 확인해. 심사를 거쳐 특허를 주겠다는 결정이 내려지면, 발명자는 특허증을 받을 수 있어.
- 새로운 발명을 했다면 특허청을 통해 특허권을 얻어야 나의 권리가 되는 것이었네.

기업 경쟁력을 키우는 특허권

우리나라는 세계 4대 특허 강국으로 중소기업, 벤처기업, 스타트업의 지식 재산 특허 출원이 활발하게 이루어지고 있으며, 그에 따른 기술 활용이 다양하게 진행되어 세계적으로 경쟁력이 있는 나라입니다.

-중략-

특히, 빨라진 기술의 속도와 더불어 새로 나온 제품에 대한 복제 속도 역시 빨라지고 있어, 신제품에 대한 복제품의 등장으로 생기는 손해가 대단히 큽니다. 그리하여 복제품으로 인한 피해를 막기 위하여 특허권에 대한 중요성이 나날이 높아지고 있습니다.

세계 특허 분야 5대 선진국 협의체인 IP5가 발표한 'IP5 핵심 통계지표 2021'에 따르면 2021년 IP5 특허 출원은 총 289만 건으로 전년 대비 4 % 가량 증가했다고 밝혔습니다. 이 중 한국에 접수된 출원은 총 23만 7,998건으로 전년 대비 5 % 증가한 점을 고려할 때, 미국(-1 %), 일본(0.3 %), 유럽(4.6 %)보다 상대적으로 높은 증가 추세를 보이고 있습니다.

미디어파인(하수준 변리사) | 2022.07.04.

기사 속 '특허권'을 찾아보세요.

06 경제협력개발기구(OECD)

우리나라가 경제협력개발기구(Organization Economic for Cooperation and Development, OECD) 가입 국가라는 것을 알고 있나요? 경제협력개발기구는 회원국 간의 협력을 통해 세계 경제 발전을 이루기 위해 만들어진 국제기구예요. 1948년 시작한 유럽경제협력기구(OEEC)에 미국과 캐나다가 참여하면서 1961년에 경제협력개발기구로 이름을 바꾸어 활동하고 있어요.

경제협력개발기구는 회원국의 경제 성장, 금융 안정, 무역 확대 따위를 통해 세계 공동의 안정과 번영을 도모하며, 개발도상국의 경제 발전을 위해서도 노력하고 있어요.

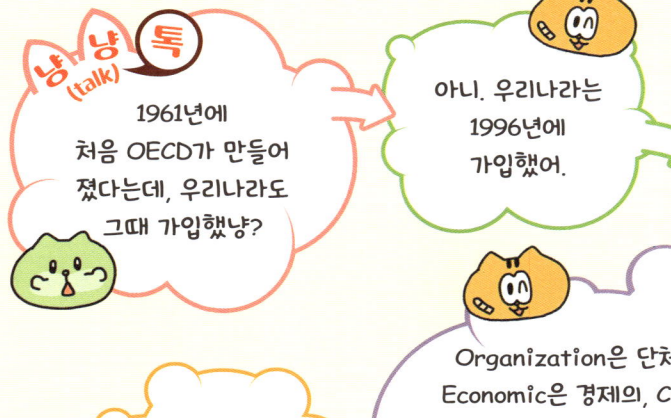

1961년에 처음 OECD가 만들어졌다는데, 우리나라도 그때 가입했냥?

아니. 우리나라는 1996년에 가입했어.

그런데 OECD의 뜻은 뭐냥?

Organization은 단체, 조직, 기구, Economic은 경제의, Cooperation은 협력, Development는 발달, 성장, 개발이라는 뜻이야. 그 뜻을 다 합치면 '경제적인 협력과 개발을 위한 조직'이라는 의미가 되지.

아하! 경제협력개발기구!

 기사 속 어휘 찾기

공부한 날: 월 일

인권위 "어린이 행복 지수 OECD 꼴찌"

국가인권위원회는 100회를 맞은 어린이날을 기념하여 "어린이가 어른과 다름없이 독립된 인격체로 존중받아야 한다."고 밝혔습니다. 인권위의 송두환 위원장은 100회의 어린이날을 맞은 어린이들에게 축하의 인사를 건네면서 우리 사회가 한 세기 동안 어린이날을 기념해왔으나 당사자인 아동과 청소년이 느끼는 행복의 질에 대해 생각해 보아야 한다고 지적했습니다.

2021년 한국 어린이와 청소년의 행복 지수는 OECD 22개 국가 중 꼴찌였으며, 35개 국을 대상으로 한 '국제 아동 삶의 질 조사'에서 10세 아동의 행복 순위도 31위로 조사됐습니다.

인권위는 이러한 현상이 지속되는 것에 대해 '어린이도 어른과 다름없는 독립된 인격체로 존중하는 사회적 인식이 부족하기 때문'이라고 설명했습니다. "모든 어린이들이 존엄한 기본권의 주체로 자라나기를 바란다."면서 인권위 역시 "아동학대가 발생하는 다양한 유형을 살펴보고 이를 예방하고 없애기 위해 노력하겠다."고 덧붙였습니다.

JTBC 뉴스(공다솜 기자) | 2022.05.04.

기사 속 '경제협력개발기구'를 찾아보세요.

07 세계무역기구(WTO)

세계무역기구(World Trade Organization, WTO)는 선진국 중심의 관세 및 무역에 관한 일반 협정(GATT)의 단점을 보완하여 전 세계의 경제 발전을 위해 만들어진 국제기구예요.

세계무역기구(WTO)는 국가 간 발생하는 경제 분쟁에 대해 판결하고, 그 판결에 대한 강제 집행권이 있어요. 세계무역 분쟁 조정, 관세 인하 요구, 반덤핑 규제와 같은 준사법적 권한과 구속력을 행사하지요. 좀 더 쉽고 공정하게 무역을 할 수 있도록 세계 교역 증진에 힘쓰는 국제기구랍니다.

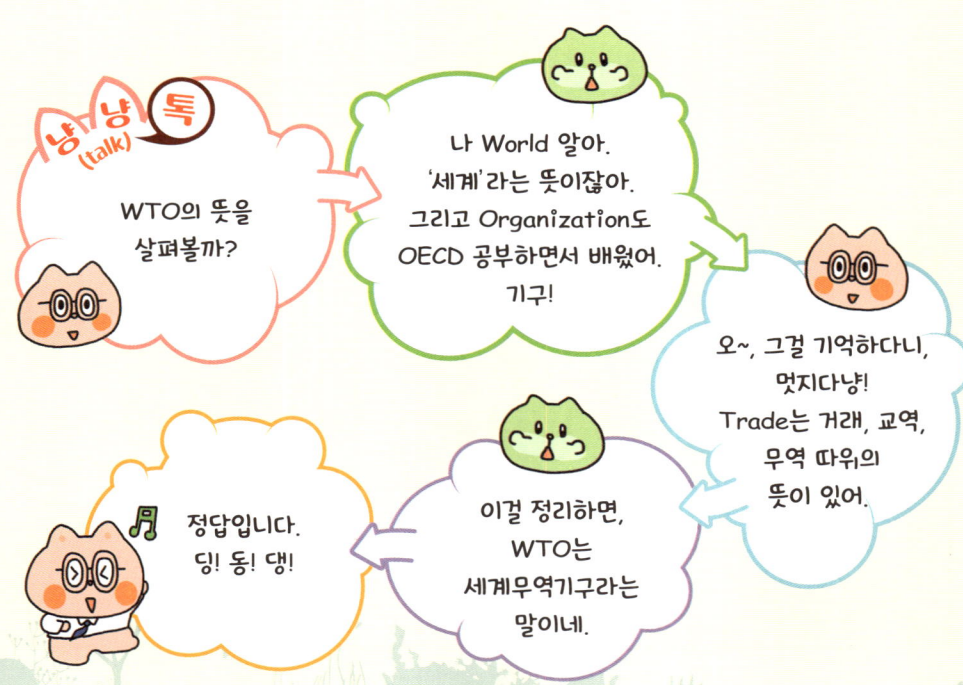

WTO, 식량 안보 등 통상현안 해법 찾는다

　러시아와 우크라이나의 전쟁으로 대외 불확실성이 확대되자 세계 164개국이 무역 환경 개선을 위한 논의를 진행합니다. 13일 산업통상자원부에 따르면 '제12차 세계무역기구(WTO) 각료 회의'가 12일부터 15일(현지 시간)까지 스위스 제네바에서 열릴 예정입니다.

　각료 회의는 WTO 164개 회원국 통상장관이 모두 참석하는 최고 의사 결정 기구로서 2년마다 열리는 것이 원칙이지만, 코로나 19로 두 차례 회의가 연기돼 2017년 이후 5년 만에 각료 회의가 열립니다.

　각국 통상장관들은 12일 개막식을 시작으로 4일간 식량 위기, 농업, 팬데믹, WTO 개혁 따위에 대해 집중적으로 논의할 예정입니다. 우크라이나 사태, 코로나 19로 세계적 공급망의 차질, 식량 위기와 같은 불확실한 대내외 환경 속에서 해결책을 찾으면서도 디지털·기후 변화와 같은 새로운 문제에 대한 결집된 목소리를 담아낼 수 있을지 주목됩니다.

　　　　　　　　　　　　　　　　　스카이데일리(김기찬 기자) | 2022.06.13.

기사 속 '세계무역기구'를 찾아보세요.

08 유네스코(UNESCO)

교육, 과학, 문화 교류를 통해 국제 이해와 협력을 이루어나가고자 만들어진 국제 연합 전문 기구가 바로 유네스코(United Nations Educational, Scientific and Cultural Organization, UNESCO)예요. 유네스코는 1945년 제2차 세계대전 후 세계 평화와 인류 발전에 기여하기 위해 탄생했어요. 인류가 지켜나가야 할 문화, 자연, 기록물 따위를 세계 유산으로 지정하여 보호하는 일은 우리가 가장 잘 알고 있는 유네스코의 역할 중 하나이지요.

회원국 193개국, 준회원 12개국으로, 우리나라는 1950년에 가입했어요. 유네스코의 마크는 그리스 아테네의 파르테논 신전을 본떠 만들었다고 해요.

나의 똑똑함은 세계 유산으로 지정해야 하는 거 아니냥?

저 잘난 척을 어쩌냥!

 냥냥톡(talk)

경주 가 본 적 있냥? 경주의 모든 곳에서 신라의 숨결이 느껴지더라. 그래서 경주 역사 유적 지구가 세계 문화유산으로 지정되었나 봐.

 세계 문화유산은 누가 정하는 거냥?

 그건 유네스코에서 해.

 유네스코가 뭔데 그런 일을 해?

 세계 평화와 안전 보장을 위해 만든 국제기구인 유엔(UN)에서 만든 교육, 과학, 문화 기구가 유네스코야.

기사 속 어휘 찾기

공부한 날: 월   일

유네스코 세계 지질 공원 인증 '철원 한탄강'

철원 한탄강이 유네스코 세계 지질 공원 인증 2주년을 맞아 강원도 지질 생태 관광의 대표 명소로 급부상하고 있습니다. 한탄강 유네스코 세계 지질 공원은 지난 2020년 7월 10일 인증되었으며 우리나라에서 네 번째, 강원도에서는 최초의 유네스코 세계 지질 공원입니다.

지금의 한탄강은 신생대 제 4기에 화산 폭발로 인해 분출한 용암으로 이루어진 주상절리·현무암 협곡·폭포 따위의 이색적인 풍경을 가지게 되었으며, 화산 폭발로 인한 비옥한 용암대지인 철원 평야에서는 맛있는 철원 오대쌀이 생산되고 있습니다.

유네스코 세계 지질 공원 인증 이후 철원 지역의 소이산과 직탕폭포, 삼부연폭포를 비롯해 지난해 개장한 한탄강 주상절리길까지 한탄강 세계 지질 공원의 명소에 최근 방문객이 급증하고 있습니다.

강원도민일보(이재용 기자) | 2022.07.16.

기사 속 '유네스코'를 찾아보세요.

09 팬데믹(Pandemic)

팬데믹은 전염병이 국가의 경계를 넘어 세계적으로 대유행하는 상태를 말해요. 세계보건기구(WHO)에서는 전염병의 단계를 1단계에서 6단계까지 나누는데, 팬데믹은 최고 경고 등급인 6단계(전염병의 대유행)예요.

역사상 팬데믹이 선포된 사례로는 1968년 홍콩독감, 2009년 신종플루, 그리고 2020년 코로나 19를 들 수 있어요. 우리말로는 '감염병 세계적 유행'이라고 표현해요.

 냥냥톡(talk)

비상! 비상! 코로나 팬데믹 상황이야.

무슨 일이냥? 팬데믹이 뭔데?

팬데믹은 전염병이 세계적으로 대유행을 하는 상태를 말해. 전염병 최고 위험 등급이지. 지금은 코로나 바이러스 팬데믹! 팬데믹은 전염병이 전세계에 전파되어 모든 사람이 감염된다는 의미야.

나도 코로나 팬데믹이 빨리 끝나길 간절히 바란다냥!

'팬데믹 선언' 한 WHO에 안전불감증 비판 쇄도

코로나 19(신종 코로나바이러스 감염증, 일명 우한폐렴) 전 세계 확진자 수가 12만 명을 넘어선 가운데 세계보건기구(WHO)가 팬데믹(세계적 감염병 대유행)을 선언하면서 대응 시기를 한참 놓쳤다는 지적이 나왔습니다.

-중략-

WHO는 감염병을 위험 수준에 따라 1~6단계로 구분하는데, 6단계가 바로 팬데믹으로 불리는 전염병 위험 최고 단계입니다. 하지만 전 세계 110여 개국에서 코로나 19로 사망자가 4,300여 명에 달하는 상황까지 와서 팬데믹을 선언한 것에 대해 "WHO가 안전불감증에 걸렸다."는 시각도 나왔습니다.

-중략-

테워드로스 사무총장은 팬데믹 선언을 늦췄던 이유에 대해 "팬데믹은 가볍게 혹은 무심코 쓰는 어휘가 아니다."라며 "팬데믹을 잘못 사용하면 비이성적인 공포를 불러일으키거나 코로나 19와의 싸움이 끝났다는 정당하지 못한 인정을 통해 불필요한 고통과 죽음을 초래할 수 있다."고 해명하였습니다.

투데이코리아(김정훈 기자) | 2020.03.12.

기사 속 '팬데믹'을 찾아보세요.

10 엔데믹(Endemic)

엔데믹은 특정 지역 내에 사는 주민들 사이에서 주기적으로 발생하는 감염병을 뜻하는 말이에요. '풍토병'이라고 부르기도 하죠.

엔데믹의 경우 한정된 지역 내에서 주기적으로 발생하기 때문에 감염자 수를 어느 정도 예측할 수가 있어요. 일반적으로 널리 알려진 엔데믹에는 인플루엔자(독감), 말라리아, 일본뇌염, 장티푸스, 콜레라 따위가 있어요.

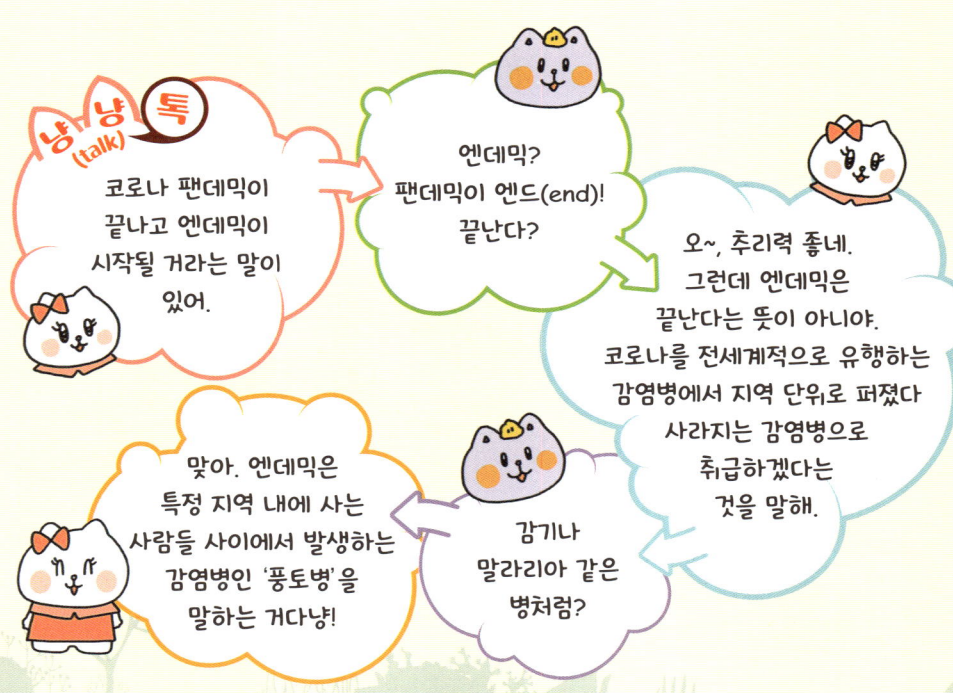

냥냥톡(talk)

코로나 팬데믹이 끝나고 엔데믹이 시작될 거라는 말이 있어.

엔데믹? 팬데믹이 엔드(end)! 끝난다?

오~, 추리력 좋네. 그런데 엔데믹은 끝난다는 뜻이 아니야. 코로나를 전세계적으로 유행하는 감염병에서 지역 단위로 퍼졌다 사라지는 감염병으로 취급하겠다는 것을 말해.

감기나 말라리아 같은 병처럼?

맞아. 엔데믹은 특정 지역 내에 사는 사람들 사이에서 발생하는 감염병인 '풍토병'을 말하는 거다냥!

엔데믹 맞춰 방역 체계 새로 짜자

　코로나 19 유행이 안정세에 접어들면서 정부는 일률적 거리두기 없이 피해를 최소화하는 방안을 찾고 있습니다.

　코로나 19 유행 초반 1 %를 넘나들던 치명률은 최근 0.1 % 아래까지 떨어졌습니다. 18세 이상 백신 접종률은 96.7 %에 달하고, 국민 100명 중 약 99명(98.6 %)이 코로나 항체를 갖고 있습니다. 정부가 1급 감염병인 코로나 19를 일반 독감(4급)처럼 일반 의료 체계에서 관리하는 엔데믹으로의 전환을 검토하는 주된 까닭입니다.

　정부는 올해 코로나 19의 안정적 관리로 국민의 일상회복을 적극 꾀한다는 방침입니다. 질병관리청은 올해 대통령 업무 보고에서 신속한 진단, 예방접종·치료제를 주요 대응 수단으로 코로나 19 대응 역량을 유지하고, 요양병원과 같은 감염취약시설 및 고위험군 관리 강화로 코로나 19 위중증·사망을 최소화하겠다고 밝혔습니다. 또한 실내 마스크 의무화 조정 따위의 일상적 관리 체계로의 전환을 위한 생활 속 방역 정착도 질병청의 올해 주요 업무 과제입니다.

　　　　세계일보(송민섭 선임기자, 이정한·조희연 기자, 광주=김선덕 기자) | 2023.01.29.

기사 속 '엔데믹'을 찾아보세요.

11 투자

투자는 이익을 얻기 위하여 어떤 일이나 사업에 돈을 들이거나 시간이나 정성을 쏟는 것을 말해요. 부동산 투자나 주식 투자라는 말을 들어 보았지요? 투자는 나중에 얻을 수 있는 이익을 기대하며 쓰는 돈이에요.

건물을 사서 세를 받을 수도 있고, 귀금속을 사 두었다가 나중에 금액이 올랐을 때 파는 것도 투자예요. 금융 상품에도 투자를 할 수 있는데, 대표적인 예가 바로 주식과 펀드이지요.

던질 **투**

재물 **자**

무슨 서류가 이렇게 많냥?
투자할 곳을 찾는 중이거든.

냥냥톡(talk)

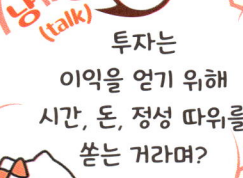
투자는 이익을 얻기 위해 시간, 돈, 정성 따위를 쏟는 거라며?

투자를 한자어로 보면, '재물을 던진다'는 의미잖아. 재물이나 시간, 정성과 같이 나에게 소중한 걸 던져야 이익도 얻을 수 있겠지?

나에게 가장 소중한 것이라면···. 쨍그랑~!

나에게 소중한 걸 던져야 이익을 얻을 수 있다며?

왜 거울을 던져?

 기사 속 어휘 찾기

공부한 날: 월   일

340조 투자해 반도체 초강대국 달성

정부는 오는 2026년까지 5년간 기업들이 반도체에 340조 원을 투자하도록 기술개발(R&D)·설비 투자에 대한 세제 혜택을 늘리기로 했습니다. 또 경기 평택·용인 반도체 단지의 인프라 구축 비용을 국비로 지원하고, 산업단지 조성 인허가를 신속히 처리할 계획입니다.

아울러 10년간 반도체 인력을 15만 명 이상 키울 예정입니다. 이와 관련해 반도체 업계는 연내 인력 양성 기관인 '반도체 아카데미'를 세웠습니다.

이와 함께 시스템 반도체의 시장 점유율을 현 3 % 수준에서 오는 2030년 10 %로 높이고, 소재·부품·장비 자립화율도 현재 30 % 수준에서 50 %로 높이는 목표도 세웠습니다.

연합뉴스(박상돈 기자) | 2022.07.21.

기사 속 '투자'를 찾아보세요.

12 주식

주식은 주식회사의 기본이 되는 돈을 구성하는 단위로, 회사에 필요한 자금을 낸 사람에게 주는 증권이에요. 회사나 공장을 세우려면 많은 돈이 필요해요. 그럴 때 이익금을 나누어 줄 것을 약속하고 주식을 만들어 투자할 사람을 모으죠. 주식을 사면 그 회사의 주인, 즉 '주주'가 되는 거예요. 회사에 이익이 생기면 주식 가격이 올라가지만, 회사에 손해가 나면 주식 가격이 떨어져 투자한 주주도 손해를 볼 수 있어요.

그루 **주**

법 **식**

냥냥톡(talk)

우리 아빠가 어떤 날은 주식이 올랐다고 좋아하시고, 어떤 날은 주식이 떨어졌다며 속상해하셔. 도대체 주식이 뭐냥?

회사가 주식을 판 돈으로 이익을 얻으면 주주들은 이익금을 받을 수 있지만, 손해가 나면 투자한 돈을 돌려받지 못할 수도 있어.

그러면 주식이 떨어졌다는 건 아빠께서 투자한 돈을 돌려받지 못할 수도 있다는 거구나?

주식이 오르면 새 자전거를 사준다고 하셨는데…. 갑자기 나도 속상하다.

그렇지. 그래서 주식을 살 때는 신중하게 회사를 선택하고, 적절한 금액을 투자해야 해.

기사 속 어휘 찾기

공부한 날: 월   일

미국 청소년 뒤흔든 주식 투자 앱, 우리나라엔 없는 이유

최근에는 국내 증시가 처참할 정도로 하락하고 있지만, 지난해까지만 해도 주식 열풍이 있었습니다. 특히 미성년자들의 주식 계좌 개설이 폭증했었고, 2020년도에만 새롭게 만들어진 미성년자 주식 계좌가 47만 5,399개(금융감독원 집계)였습니다.

-중략-

우리나라에서는 부모님이 직접 은행에 가서 자녀의 주식 계좌를 만들어줘야 미성년자의 주식 투자가 가능합니다. 가족관계증명서, 신분증, 자녀의 도장 따위를 제출하면 만들 수 있고, 자녀는 직접 증권사 앱을 설치하여 투자할 수도 있습니다.

-중략-

한쪽에서는 미성년자의 비대면 증권 계좌가 허용되면 증권사에서 앞다투어 비슷한 서비스를 만들 것을 걱정하기도 합니다. 주식 투자는 손실이 발생할 수 있는 만큼, 청소년들이 보다 안전하게 이용할 수 있는 시스템이 먼저 마련되어야 한다는 시각도 있습니다.

이데일리(김혜선 기자) | 2022.07.20.

기사 속 '주식'을 찾아보세요.

마라냥의 하루

13 주주 총회

주주 총회란 주주들이 모여 회사에 대한 주요한 일을 결정하는 최고 기관이에요. 주주는 하나의 주식에 대하여 하나의 결정권을 가지죠.

주주 총회에는 정기적으로 개최되는 정기 총회와 필요에 따라 열리는 임시 총회가 있어요. 이러한 총회에 참석할 수 있도록 주주 총회 통지서를 발송하며, 발행 주식의 100분의 1 이하의 주식을 가진 소액 주주에게는 전자 공시 시스템에 내용을 공개하는 것으로 통지서 발송을 대신할 수 있어요.

株	主	總	會
그루 주	주인 주	다 총	모일 회

냥냥톡 (talk)

학부모 총회는 학부모님들이 모두 모이는 자리야. 그러면 주주 총회는?

주주들이 모두 모이는 자리겠구나? '主(주인 주)' 자를 쓴다는 건 회사의 주인이라는 말이지?

회사에 돈을 투자한 사람이니까 회사의 주인 중 한 명이지.

용돈 모아서 대기업의 주식을 골고루 하나씩 사야겠어. 주주 총회도 가봐야지.

네 용돈으로 대기업 주식을 종류별로 사기엔 그 금액이 만만치 않을텐데….

기사 속 어휘 찾기

공부한 날: 월   일

이사회 임면권 가진 주주 총회가 '최상위 의사 결정'

드라마를 보면 이사회나 주주 총회를 하는 모습이 종종 나옵니다. 신기하게도 한국 드라마에서는 재벌들이 회사를 장악하거나, 주인공이 위기를 이겨 내고 회사의 경영권을 갖게 되는 과정을 볼 수 있습니다. 앞으로 회사를 창업해 대표이사가 되거나 기업의 임원으로 승진해 이사회에 참여할 수도 있고, 특정 기업의 주주로서 주주 총회에 참석할 수도 있으니 아래 사항에 대해 미리 알아 두면 좋겠습니다.

주식회사의 의사 결정은 이사회, 주주 총회, 대표이사로 구성됩니다. 이사회는 3인 이상의 이사로 구성된 회의체로, 회사를 운영하는 실제 업무에 대한 의사 결정을 주로 합니다. 상법과 정관에서 주주 총회의 권한으로 돼 있는 것을 제외한 업무에 관한 사항은 모두 이사회의 결정으로 이뤄진다고 생각하면 됩니다. 원래 이사회의 소집은 날짜를 정하고 1주일 전에 각 이사·감사에 대해 통지를 발송해야 하지만, 그 기간은 정관으로 단축할 수 있습니다. 또 이사·감사 전원의 동의가 있을 때는 소집 절차를 생략할 수도 있습니다.

국방일보(임성준) | 2022.06.27.

기사 속 '주주 총회'를 찾아보세요.

14 펀드(Fund)

투자를 하고 싶은데 어디에, 어떻게 투자를 해야 할지 정하는 것이 쉽지 않지요? 펀드란 다수의 투자자로부터 모은 투자금을 투자 전문가인 펀드 매니저가 주식, 채권, 부동산 따위에 투자한 후 그 이익을 투자자들에게 되돌려주는 금융 상품이에요. 펀드는 전문가의 경험과 지식을 바탕으로 투자를 대신해 주기 때문에 투자자가 직접 투자하는 것에 비하여 시간과 노력을 절약할 수 있고, 위험을 줄일 수 있어요. 하지만 수수료와 같은 거래 비용이 더 들고, 주가가 떨어졌을 때 생긴 손해는 투자자가 부담해야 한다는 단점도 있어요.

냥냥톡(talk)

유니세프(UNICEF)가 United Nations Children's Fund래. 칠드런 펀드라니, 유니세프도 투자를 하는 곳이냥?

펀드는 '특정 목적을 위한 기금'이야. 기업에 투자하는 펀드만을 의미하는 게 아니지.

유니세프는 유엔아동기금이니까, 이 펀드는 기금의 의미구나.

맞아. 펀드는 어떤 특정한 목적을 위해 모은 돈이야. 학교를 설립하기 위해, 불우 이웃을 돕기 위해 돈을 모으는 것도 모두 펀드지.

덕분에 펀드의 의미를 제대로 알게 되었다냥!

기사 속 어휘 찾기

공부한 날: 월   일

올 상반기 펀드 순자산 8조 원↑… 주식형 올들어 감소

올해 상반기 펀드 시장 순자산은 약 840조 원으로 지난해 말 대비 조금 늘었습니다. 다만 최근 지속적으로 증가세를 보이던 주식형의 순자산은 올들어 감소세로 바뀌었습니다.

금융투자협회가 18일 발표한 '2022년 상반기 펀드 시장 동향'에 따르면 지난달 말 기준 전체 펀드 순자산은 840조 5,000억 원으로 전년 말 대비 1.0 %(8조 6,000억 원) 늘었습니다. 설정액은 821조 원으로 4.1 %(32조 6,000억 원) 늘었습니다.

채권·혼합채권형을 제외한 모든 유형에 자금이 순유입되어 올 상반기 동안 전체 펀드 시장에 총 41조 3,000억 원의 자금이 유입됐습니다.

금투협 관계자는 "반기 성장률 기준으로 설정액은 그동안 성장세를 지속했지만 주식·채권 시장이 함께 약세를 보이면서 평가액 기준인 순자산 성장률이 느려졌다."고 말했습니다.

공모 펀드 순자산은 291조 6,000억 원으로 전년말 대비 20조 5,000억 원(6.6 %) 감소했습니다. 반면 사모 펀드는 548조 9,000억 원으로 29조 1,000억 원(5.6 %) 증가했습니다.

뉴시스(이승주 기자) | 2022.07.18.

기사 속 '펀드'를 찾아보세요.

15 가상 화폐

가상 화폐란 지폐, 동전과 같은 실물 없이 인터넷 환경에서 전자적 형태로 사용되는 디지털 화폐를 말해요.

우리가 사용하는 돈은 중앙은행에서 만들고 관리하지만, 가상 화폐는 화폐 개발자가 만드는 규모를 자율적으로 관리해요. 상품권, 인터넷 쿠폰, 모바일 쿠폰, 사이버 머니, 포인트 따위의 가상 화폐는 기업에서 만드는 화폐이므로 정부의 통제를 받지 않고, 발행 기업의 서비스 내에서 사용돼요.

거짓 가 / 생각 상 / 재물 화 / 화폐 폐

냥냥톡(talk)

 가상 화폐는 현실이 아닌 인터넷 상에서 사용하는 화폐야.

대표적인 가상 화폐가 비트코인이야?

 비트코인과 가상 화폐는 조금 차이가 있는데, 비트코인은 암호 화폐라고 해야 바른 표현이야.

 그럼 비트코인을 가상 화폐라고 해도 되겠지? 어렵게 기억하지 않아도 되겠다.

 암호 화폐는 가상 화폐와 달리 현실에서도 사용된다는 차이점이 있어. 하지만 우리나라에서는 가상 화폐와 비트코인을 크게 구분하지 않고, 비트코인을 가상 화폐라고 부르고 있어.

기사 속 어휘 찾기

공부한 날: 월   일

금감원, '가상 화폐 회계 감독 논의' 전문가 간담회 첫 삽

　금융감독원은 한국회계기준원, 한국공인회계사회와 함께 가상 화폐 관련 회계 감독 이슈를 논의하기 위해 전문가 간담회를 개최한다고 27일 밝혔습니다.

　간담회는 28일 첫 회의를 시작으로 정기적으로 운영되며, 가상 화폐 관련 회계 이슈를 논의하고 회계 및 감사 가이드 라인 마련에 대해서도 의견을 나눌 예정입니다.

　우선 가상 화폐 회계 처리 현재 상황과 투자자 보호를 위한 내용 강화를 첫 논의 주제로 골랐습니다. 가상 화폐의 발행 및 매각, 보유 현황, 고객 위탁 가상 화폐에 관련한 정보를 제시하고, 2차 간담회에서는 회계기준원과 한공회로부터 이슈 사항을 들은 후 업계와 회계법인 및 학계의 의견을 듣고 논의를 이어갈 계획입니다.

　또 최종 회계 또는 감사상 가이드 라인 마련이 필요할 경우 금융위원회와 협의를 거치고 필요시 세미나도 열 계획입니다.

아시아경제(이정윤 기자) | 2022.07.27.

기사 속 '가상 화폐'를 찾아보세요.

41

16 예금

예금이란 일정한 계약에 의하여 은행이나 우체국 따위에 돈을 맡기는 일을 뜻해요. '일정한 계약'이란 이자, 예금 방법, 기간 따위를 말하며, 크게 보통 예금, 정기 예금, 정기 적금으로 나눌 수 있어요. 보통 예금은 필요할 때마다 돈을 맡기고 찾을 수 있는 예금이라 이자가 적어요. 큰돈을 한꺼번에 맡기는 것을 정기 예금이라고 하는데, 맡기는 기간에 따라 이자가 달라질 수 있어요. 매달 일정한 금액을 저축하는 것을 정기 적금이라고 하며, 1～3년 정도로 기간을 정하여 저축을 해요. 맡기는 기간이 길수록 더 높은 이자를 받을 수 있어요.

무슨 통장이 이렇게 많냥?
하나같이 다 빈 통장이라는 사실, 신기하지?

맡길 예 / 쇠 금

냥냥톡(talk)

일정한 계약에 의하여 은행에 돈을 맡기는 것을 예금이라고 해.

이자가 뭐냥?

은행에 돈을 저축하면 은행은 돈이 필요한 개인이나 기업에 이 돈을 빌려주고 이자를 받아. 그리고 받은 이자의 일부분을 은행에 저축한 사람들에게 되돌려 줘. 내가 저축한 돈보다 더 많은 돈을 받을 수 있게 되는 거지.

예금을 하려면 우선 이자 많이 주는 은행을 찾아야겠다냥!

예금할 돈이 먼저 있어야지….

기사 속 어휘 찾기

공부한 날: 월   일

은행권 연 3 ~ 4 %대 예금 쏟아져

　한국은행의 기준 금리 인상으로 은행권도 예금 금리를 잇달아 올리면서 고객 확보를 위한 경쟁이 갈수록 높아지고 있습니다. 시중 은행의 경우 금리가 연 3 %를 넘는 예금 상품이 많아졌고, 저축은행에는 연 4 %대 예금까지 있어 금융 소비자들의 관심을 끌고 있습니다.

　주식·코인과 같은 자본시장 조정 국면이 장기화한 상황에서 예·적금 금리가 큰 폭으로 오르면서 안전한 은행으로 돈이 몰리는 '역(逆)머니무브' 현상도 더욱 빨라질 것으로 보입니다.

　7일 은행연합회 공시를 통해 전국 19개 은행, 총 44개 '1년 정기 예금' 상품을 분석한 결과, 기본 금리가 연 3 %를 넘는 상품이 14개나 되는 것으로 나타났습니다. 까다로운 조건 없이 1년간 돈을 넣어 두면 연 3 % 이상의 이자를 받을 수 있다는 것입니다. 우대 조건을 더할 경우 절반이 넘는 26개 예금 상품의 금리가 연 3 %를 넘었습니다.

뉴스1(국종환 기자) | 2022.08.07.

기사 속 '예금'을 찾아보세요.

17 스타트업(Start-up)

스타트업은 처음으로 이루어 시작하는 기업을 뜻하는 말이에요. 기존의 기술과는 다른 새로운 기술과 아이디어를 가지고 세웠으나, 자금이 부족한 경우가 많아요. 고수익·고성장 가능성을 가진 기술·인터넷 기반의 회사가 많으며, 고위험의 가능성도 가지고 있어요.

기업 가치가 10억 달러(약 1조 3,000억 원) 이상인 스타트업을 유니콘(Unicorn)이라고 부르는데, 스타트업 중 10억 달러 이상의 큰 성공을 거두는 스타트업이 귀하여 상상 속에나 존재하는 유니콘과 같아서라고 해요.

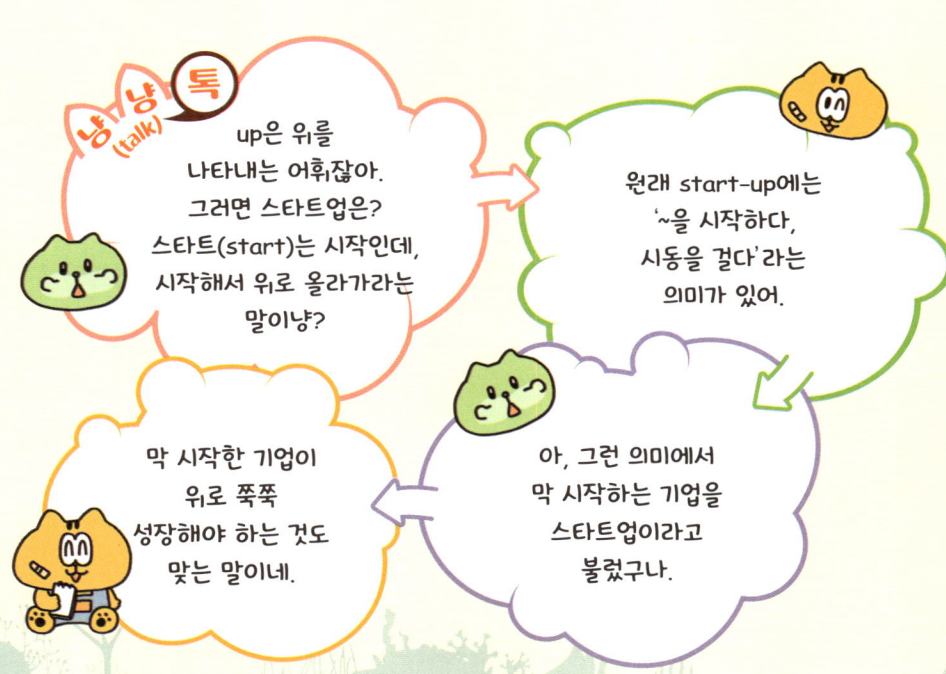

LG, '슈퍼스타트' 출범… 3년간 스타트업 300곳 육성

　LG가 스타트업과 중소 협력회사의 연구개발(R&D) 지원을 강화하며 상생 생태계 조성에 적극 나서고 있습니다.

　LG는 지난달 스타트업 오픈 이노베이션 브랜드 '슈퍼스타트'를 만들고, 향후 3년간 국내 유망 스타트업 300개를 키우기로 했습니다.

　슈퍼스타트는 전자, 화학, 통신·서비스 분야에서 사업을 하는 LG 계열사와 외부 파트너인 벤처캐피털(VC), 액셀러레이터(AC), 공공기관, 대학 따위를 유망 스타트업과 연결해 주는 LG그룹 차원의 오픈 이노베이션 플랫폼입니다.

　LG는 스타트업이 겪는 문제를 해결하는 데 실질적으로 도움을 주기 위해 다양한 직군의 LG 임직원으로 구성된 자문단인 '슈퍼스타트 크루'도 운영해 스타트업들이 R&D와 법무, 마케팅, 구매, 재무 따위와 관련해 다양한 도움을 받을 수 있도록 했습니다.

매일경제(정유정 기자) | 2022.07.22.

기사 속 '스타트업'을 찾아보세요.

18 국민연금

국민연금은 국가가 보험의 원리를 끌어들여 만든 사회보장제도예요. 돈을 벌 수 있는 능력이 있을 때 국민연금을 신청한 사람과 국가로부터 일정액의 보험료를 받아 두었다가 노령, 장애, 사망 따위로 돈을 벌 수 있는 능력이 중단된 경우에 본인이나 그 가족에게 정기적으로 돈을 주는 것이지요.

18세 이상 60세 미만의 국내에 사는 국민(공무원·군인·사립학교 교직원 제외)은 의무적으로 가입해야 하며, 그 관리와 운영은 국민연금관리공단에서 해요.

나라 국 / 백성 민 / 해 년(연) / 쇠 금

 (talk)

 황금, 백금, 소금은 들어봤는데, 국민연금은 뭐냥?

 황금이나 백금처럼 귀한 금은 아니지만 돈과 관련이 있어.

 돈과 관련 있다고?

노령, 장애, 사망 따위로 돈을 벌 수 없을 때 국가가 생활 보장을 위하여 정기적으로 지급하는 돈이야. 18세 이상 60세 미만의 국내에 사는 국민은 의무적으로 가입하지.

 아하! 국민연금은 정말 좋은 금이구나.

기사 속 어휘 찾기

공부한 날: 월   일

국민연금, 더 내고 더 늦게 받는다

　정부가 추진하는 국민연금 개혁안의 밑그림이 나왔습니다. 기금 고갈을 늦추기 위해 더 많이, 더 오래 내고 받는 시점은 늦추는 것이 골자입니다.

　보건복지부 산하 전문가위원회인 국민연금 재정계산위원회와 기금운용발전전문위원회는 코엑스에서 공청회를 열고 이런 내용의 '국민연금 제도 개선 방향'과 '기금운용부문 개선사항' 보고서 초안을 공개했습니다.

　재정계산위는 2093년까지 국민연금 기금을 유지하는 것을 목표로, 우선 현재 월 소득의 9%인 보험료율을 12%, 15%, 18%로 각각 올리는 시나리오를 내놨습니다. 국민연금을 받는 시점은 66세, 67세, 68세로 각각 늦추는 3가지 상황을 제시했습니다.

　연금지급 개시 연령은 2013년 60세였으나 2033년까지 5년마다 한 살씩 늦춰져 65세까지 조정되는 중입니다. 마지막으로는 국민연금 기금의 투자수익률을 현재보다 0.5%포인트, 1%포인트 상향시키는 경우도 상정했습니다.

JTBC(이한주 기자) | 2023.09.01.

기사 속 '국민연금'을 찾아보세요.

19 최저 시급

<mark>최저 시급</mark>이란 근로자가 일을 하고 받아야 할 시간 당 가장 낮은 임금을 말하며, 이는 법으로 정하고 있어요.

일을 하고 받는 임금액은 근로자와 사용자가 자율적으로 결정하는 것이 원칙이지만, 근로자의 인간다운 생활을 보장하기 위해 국가가 임금의 최저 기준을 정하고 그 지급을 강제하는 것이지요.

우리나라 <mark>최저 시급</mark>은 2017년 6,470원, 2019년 8,350원, 2021년 8,720원, 2023년 9,620원으로 점차 오르고 있어요.

가장 **최**

낮을 **저**

때 **시**

급할 **급**

최저 시급은 계속 오르고 있으니, 우리가 어른이 되면 조금만 일해도 되겠어.

물가는 늘 같을 줄 알고?

냥냥톡 (talk)

어쩌냥이 내일부터 아르바이트를 한대. 얼마나 받을까?

최저 시급이라고 들었어.

가장 낮은 금액을 받는다는 거야?

나라에서 법으로 정한 시간당 최저 임금이야. 이 금액보다 적게 주면 안 되는 거지. 그나저나 어쩌냥이 잘할지 모르겠다.

그런 걱정 말고 우린 어쩌냥 월급날만 기억하면 된다냥!

최저 시급 9,620원… 알바생 69 % 만족, 사장님은?

구인구직 아르바이트 누리집 알바천국은 지난 6 ~ 11일 개인회원 4,518명과 기업회원 365명을 대상으로 '내년도 최저 임금 만족도'를 조사했다고 14일 밝혔습니다. 고용노동부 최저 임금 위원회는 내년도 시간당 최저 임금을 9,620원으로 정했습니다.

개인회원 중 아르바이트를 하고 있다고 밝힌 응답자 2,384명의 69.4 %는 내년도 최저 임금에 만족한다고 답한 반면, 사업주 75.9 %는 불만족하는 것으로 나타났습니다. 특히 사업주의 경우 절반 가까운 47.1 %가 '매우 불만족'이라고 답했습니다.

내년도 최저 임금에 만족하는 까닭은 '경기를 고려한 적당한 수준의 인상률이라고 생각해서(58.3 %)'였습니다. 이후 '삭감 혹은 동결로 예상했으나 인상돼서(26.5 %)', '인상률이 생각보다 높아서(14.6 %)' 순이었습니다. 반면 불만족 까닭으로는 '예상했던 인상률보다 적어서(63.5 %)'라고 답했습니다. 이 밖에도 '과도하게 인상된 것 같아서(19.8 %)', '삭감 혹은 동결을 원했기 때문에(6.9 %)' 따위도 있었습니다.

머니투데이(이재윤 기자) | 2022.07.14.

기사 속 '최저 시급'을 찾아보세요.

20 바우처(Voucher)

사회복지 서비스가 필요한 사람들이 교육이나 의료 또는 주택 따위의 복지 서비스를 이용할 때 정부가 비용을 상품권, 할인권, 쿠폰 형태로 보조해 주거나 대신 지급하는 것이 바로 바우처예요.

노인, 장애인, 산모, 아동과 같이 사회 서비스가 필요한 사람들에게 제공되는 사회 서비스 바우처, 문화 생활을 누릴 기회가 적은 저소득층을 위한 문화 바우처, 저소득층에게 임대료의 일부를 지원해 주는 주택 바우처 따위의 다양한 바우처가 있어요.

나에게도 게임 바우처를 지원해달라!

'바우처'라는 말 들어 봤어?

우리 할머니께서 '바위'를 '바우'라고 부르시던데, 바위랑 관련된 말이냥?

강원도나 전라도 방언에서 바위를 바우라고 부르기도 하지만, 이건 영어야.

바우처는 쉽게 생각하면 '할인 또는 교환 쿠폰'이야. 기업이 우수 회원들에게 제공하기도 하고, 정부가 서비스가 필요하다고 판단되는 사람들에게 제공해 주기도 해.

나도 바우처 몹시 받고 싶다냥!

전남도, 취약층 에너지 바우처 지원 확대

전남도는 에너지 가격이 오르면서 취약계층의 비용 부담을 줄이기 위해 '2022년 에너지 바우처' 정부 지원 사업 대상을 확대하고, 지원 단가도 올리겠다고 19일 밝혔습니다.

에너지 바우처는 소외계층의 기본적인 냉·난방을 보호하기 위한 사업으로, 여름철 전기 요금과 겨울철 연료비 일부를 전액 국비로 지원합니다.

올해 상반기까지는 지원 대상을 생계·의료급여 수급자 중 노인, 장애인, 영유아, 임산부, 중증 난치성 질환자, 한부모 가족, 소년·소녀 가정으로 한정했습니다.

하지만 국민기초생활보장법에 따라 주거·교육 급여 수급자도 올 연말까지 지원 신청할 수 있도록 확대했습니다. 이에 기존 전남지역 3만 6,800여 가구 외에 추가로 1만 5,000여 가구가 에너지 바우처 혜택을 볼 것으로 예상됩니다.

지원 금액도 기존보다 가구별 평균 7만 2,150원 인상했습니다. 세대원 수에 따라 1인 세대 13만 7,200원, 2인 세대 18만 9,500원, 3인 세대 25만 8,900원, 4인 이상 세대 34만 7,000원을 지원받습니다.

국민일보(김영균 기자) | 2022.07.19.

기사 속 '바우처'를 찾아보세요.

21 콘텐츠(Contents)

콘텐츠는 인터넷 통신망이나 방송망 따위를 통하여 제공되는 각종 정보를 말해요. 문자·소리·이미지·영상과 같은 디지털화된 정보를 통틀어 일컫는 말이지요.

그중 큰 영향을 미치는 핵심적인 콘텐츠를 킬러 콘텐츠라고 부르며, 음악, 게임, 애니메이션·캐릭터, 영화, 뮤지컬을 5대 킬러 콘텐츠로 꼽고 있어요.

난 좀더 다양한 콘텐츠를 이용해야 하니, 최신 스마트 기기로 바꿔 주세요!

냥냥톡(talk)

영어사전을 보니 콘텐츠는 '내용물'이라는 뜻이던데, 내가 알고 있는 콘텐츠랑은 조금 다른 것 같다냥!

콘텐츠는 본래 문서·연설 따위의 내용이나 목차를 뜻하는 말이야. 그런데 정보통신 기술이 급속도로 발달하면서 다양한 미디어 내용물까지 콘텐츠라고 부르게 되었어.

우리 엄마는 컨텐츠라고 하던데, 같은 말이야?

외래어 표기법 상으로는 콘텐츠가 바른 표현이래.

근데 너 누구냥? 머라냥이 이런 걸 다 알고 있을 리가 없는데….

기사 속 어휘 찾기

독도 랜선 여행… 대구·경북 독도 메타버스 콘텐츠 개발

대구시는 경북도와 함께 메타버스 공간에서 독도를 여행할 수 있는 콘텐츠를 개발할 예정이라고 13일 밝혔습니다.

─중략─

대구·경북 컨소시엄은 올해 말까지 독도 투어링 콘텐츠, 역사·교육·게임 콘텐츠인 독도 IP(지식재산권)를 활용한 다양한 콘텐츠를 개발해 독도 메타버스 월드를 만든 후 과학기술정보통신부가 진행 중인 '개방형 통합 메타버스 플랫폼'에 제공할 계획입니다. 또 독도 메타버스 콘텐츠를 대구 도서관 통합 허브 시스템과 연결해 서비스할 예정입니다.

전국 최초로 만들어진 대구 도서관 통합 허브 시스템은 대구 전역 공공 도서관과 공립 작은도서관의 정보 자원을 합친 것으로 '2022 스마트시티 아시아 태평양 어워드' 공공 정책 부문 대한민국 최종 후보로 선정돼 결과를 기다리고 있습니다. 독도 메타버스가 대구 도서관 통합 허브 시스템에 실시간으로 연결되면 접근성이 높아져 시민의 독도 콘텐츠 활용 횟수가 높아질 것으로 기대됩니다.

국민일보(최일영 기자) | 2022.07.13.

기사 속 '콘텐츠'를 찾아보세요.

매라냥의 하루

22 플랫폼(Platform)

플랫폼은 원래 역에서 기차를 타고 내리는 곳, 즉 승강장이라는 뜻이에요. 오늘날에는 그 의미가 확대되어 어떠한 특정 시스템이나 서비스를 이루는 기본 틀을 뜻하지요. 구글, 네이버나 다음과 같은 검색 포털 사이트는 물론이고, 동영상을 올리고 공유하는 유튜브도 플랫폼 서비스라고 해요.

우리 1시에 냥냥 플랫폼에서 만나!

도대체 거긴 어디에 있는 역이냥?

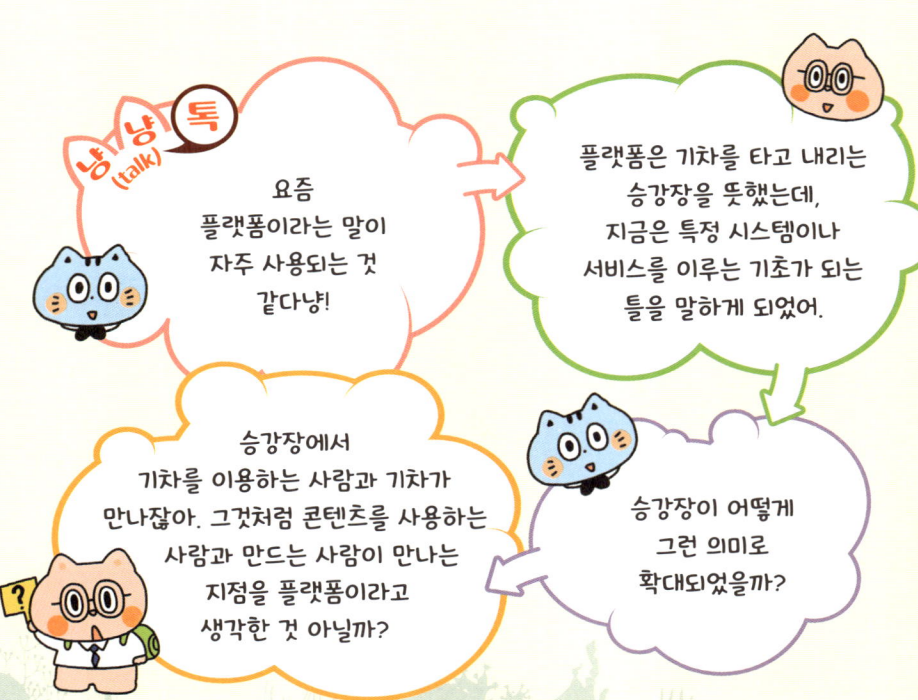

냥냥 톡(talk)

요즘 플랫폼이라는 말이 자주 사용되는 것 같다냥!

플랫폼은 기차를 타고 내리는 승강장을 뜻했는데, 지금은 특정 시스템이나 서비스를 이루는 기초가 되는 틀을 말하게 되었어.

승강장이 어떻게 그런 의미로 확대되었을까?

승강장에서 기차를 이용하는 사람과 기차가 만나잖아. 그것처럼 콘텐츠를 사용하는 사람과 만드는 사람이 만나는 지점을 플랫폼이라고 생각한 것 아닐까?

기사 속 어휘 찾기

공부한 날: 월   일

온라인은 좁다… 패션 플랫폼, 오프라인 공격

코로나 팬데믹 기간 비대면 소비가 늘어나면서 급성장한 온라인 패션 플랫폼들이 최근 연이어 오프라인으로 뛰쳐나가고 있습니다. 사회적 거리두기가 해제되자 이제 소비자들과의 만남을 늘리는 것이 플랫폼 자체는 물론 입점 브랜드들의 경쟁력을 키우는 데 효과적이라는 판단에서입니다.

29CM이 팝업 매장에 이어 정식으로 오프라인 매장을 내려는 것은 다른 패션 플랫폼들이 오프라인 매장을 연 것과 같은 까닭입니다. 브랜드를 알리고 소비자와의 접점을 확대하는 데에 오프라인 진출이 효과적이며, 온라인 플랫폼의 성장에도 긍정적 영향을 미친다고 본 것입니다. 게다가 20~30대들은 온라인과 오프라인을 오가는 선순환 홍보 효과까지 내고 있습니다.

-중략-

패션 업계 관계자는 '오프라인 중심이었던 업체들은 온라인 공략이 상대적으로 어려운 반면, 온라인 플랫폼들은 오프라인 매장을 통해 기존의 패션 시장까지 뺏으려는 모습'이라며 "패션 업계의 생각이 바뀌고 있다."고 설명했습니다.

서울경제(백주원 기자) | 2022.07.20.

기사 속 '플랫폼'을 찾아보세요.

23 네트워크(Network)

네트워크는 컴퓨터들 사이에서 정보를 주고받기 위해 연결된 통신망으로, 통신 설비를 갖춘 장치들 간에 정보를 교환할 수 있도록 연결되어 있어요. 여러 개의 통신 수단을 연결하기 위해서는 연결되는 선들이 복잡하게 얽힐 수밖에 없는데, 그 모양이 그물과 같아서 네트워크라고 부르게 되었지요.
통신 수단 외에도 사람이나 기관 따위가 긴밀하게 연결되어 일을 처리할 때도 네트워크라는 말을 사용해요.

우리는 냥냥 네트워크~.

냥냥톡(talk)

영어사전에서 네트워크를 찾으면 '(그물처럼 얽혀 있는 도로, 신경 따위의) 망, (관계가 매우 가까운 사람이나 기업체 따위의) 망'이라고 되어 있어.

배구나 배드민턴 경기를 할 때 양 팀 사이를 막고 있는 것도 네트라고 하잖아. 같은 네트인가?

맞아. 네트(net)가 바로 망사, 그물이라는 뜻이거든.

워크(work)는 일을 의미하잖아. 그렇다면 네트워크는 어떤 일을 하기 위해 그물처럼 연결되어 있는 것이네?

오~, 너 지금 영어사전에서 막 튀어나온 냥냥이 같다냥!

따릉이 앱 먹통에 시민 불편… '네트워크 오류'

서울시 공공 자전거 따릉이 앱에서 네트워크 오류가 발생해 시민들이 한때 불편을 겪었습니다.

서울시는 어젯밤(25일) 9시 40분부터 1시간 넘게 KT 통신망에 문제가 생겨 따릉이 대여와 반납, 문자 발송이 순조롭게 이뤄지지 않았다고 설명했습니다.

해당 시간대 앱을 작동하면 네트워크에 문제가 생겼으니 휴대 전화를 껐다 켜라는 안내만 나올 뿐 계속 먹통 상태라며, 초과 요금을 내게 되는 것 아니냐는 민원이 연달아 올라왔습니다.

서울시 측은 문제가 발생한 시간에 대여된 자전거는 한꺼번에 반납으로 처리했으며, 반납되지 않은 것으로 처리된 건은 요금 부과를 하지 않겠다고 말했습니다.

YTN(김다연 기자) | 2022.07.26.

기사 속 '네트워크'를 찾아보세요.

2.4 소셜 네트워크 서비스(SNS)

SNS라 불리는 '소셜 네트워크 서비스(Social Network Service)'에 대하여 알아볼까요?

인터넷상에서 이용자들이 인간 관계를 맺어 나갈 수 있도록 해주는 서비스를 소셜 네트워크 서비스라고 불러요. 개인의 생활이나 자신이 알게 된 정보 따위를 공유하죠. 트위터, 페이스북, 인스타그램, 싸이월드와 같은 다양한 소셜 네트워크 서비스가 있어요.

난 SNS를 이용해 다른 나라 친구들을 만난다냥!

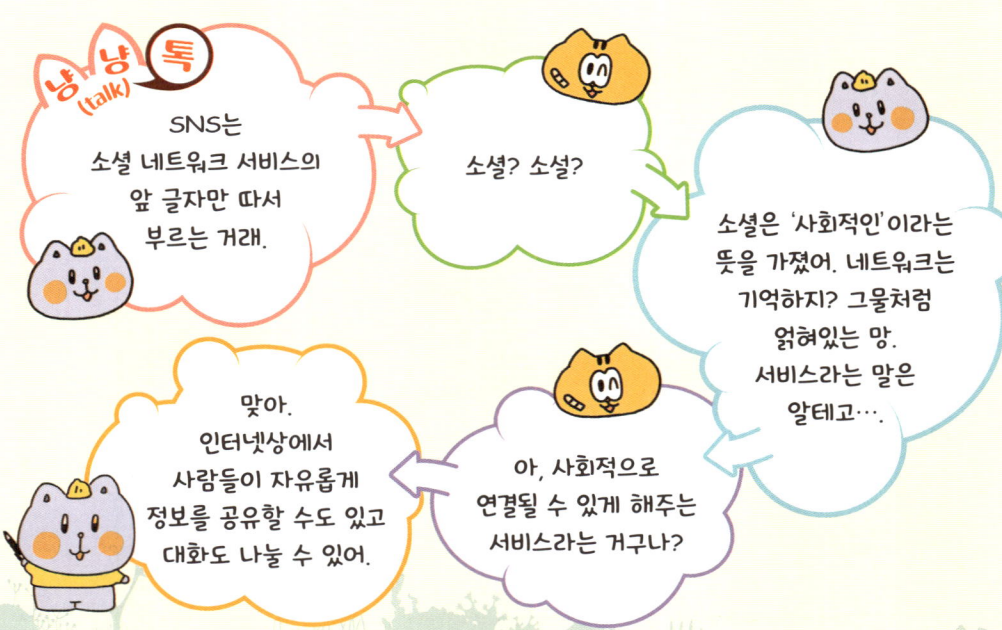

냥냥톡(talk)

SNS는 소셜 네트워크 서비스의 앞 글자만 따서 부르는 거래.

소셜? 소설?

소셜은 '사회적인'이라는 뜻을 가졌어. 네트워크는 기억하지? 그물처럼 얽혀있는 망. 서비스라는 말은 알테고···.

아, 사회적으로 연결될 수 있게 해주는 서비스라는 거구나?

맞아. 인터넷상에서 사람들이 자유롭게 정보를 공유할 수도 있고 대화도 나눌 수 있어.

기사 속 어휘 찾기

공부한 날: 월   일

'형제의 나라 돕자' SNS 쏟아진 기부 인증

'형제의 나라'로 알려진 튀르키예에서 강진으로 7,000명이 넘는 사람이 다치거나 죽었다는 소식에 국내 기부 행렬이 이어지고 있습니다. 소셜 미디어(SNS)에는 'pray for Turkey(튀르키예를 위한 기도)', '튀르키예 지진 기부 동참' 따위를 해시태그로 기부를 인증하는 게시물이 많아지고 있습니다.

교환학생 시절 튀르키예에서 만났던 친구들이 생각나 모금에 참여했다는 대학생 류 모(23) 씨는 "만 원으로 소액이지만 마음이 잘 전달되면 좋겠다."고 말했습니다. 해피빈을 통해 기부한 사진을 SNS에 인증한 김 모(41) 씨도 "우리나라와 인연이 있는 튀르키예에 큰 슬픔이 오게 되어 안타깝다. 복구에 조금이나마 도움이 됐으면 좋겠다."고 말했습니다.

유명인들도 기부에 앞장서거나 독려하고 있습니다. 튀르키예에서 8년간 선수 생활을 했던 배구 선수 김연경 씨는 지난 6일부터 본인의 계정에 '튀르키예를 도와달라(Help Turkey)'는 문구를 올리며 기부 방법에 대한 설명을 여러 번 상세히 소개했습니다.

중앙일보(김민정 기자) | 2023.02.08.

기사 속 '소셜 네트워크 서비스'를 찾아보세요.

25 오버 더 탑(OTT)

오버 더 탑(Over-The-Top, OTT)은 인터넷을 통하여 텔레비전 방송, 영화, 드라마와 같은 다양한 영상을 제공하는 서비스로, 주로 OTT라고 불러요. 기존에는 방송국에서 제공하는 영상을 시청하는 것이 전부였으나 인터넷과 이동통신의 발달 덕분에 더욱 다양한 영상 콘텐츠를 이용할 수 있게 되었어요.

대표적인 오버 더 탑은 넷플릭스, 웨이브, 티빙, 왓챠, 유튜브, 애플 TV 따위가 있어요.

냥냥톡 (talk)

Over-The-Top에서 Top은 꼭대기라는 뜻 아니냥?

그 뜻도 있지만, 여기서 Top은 텔레비전 셋톱 박스(set-top box)를 뜻해. OTT 서비스가 초기에는 셋톱 박스를 통해서 제공됐거든.

아, 우리집 텔레비전에도 셋톱 박스가 있던데.

맞아. 우리 엄마도 매일 스마트폰으로 드라마 보시느라 삼 일째 반찬이 똑같아.

본 적 있구나? 그런데 요즘은 인터넷이 발달하면서 PC, 스마트폰 따위를 통해서도 OTT 서비스를 이용할 수 있어.

기사 속 어휘 찾기

공부한 날: 월   일

OTT 서비스, 구독료 인상이 해결책은 아니다

사회적 거리두기가 해제되고 우리는 다시 2년 전의 일상으로 돌아갈 수 있게 되었습니다. 그동안 즐기지 못했던 문화 생활이 가능하게 되자 극장가는 활기를 되찾고, 오프라인 축제와 공연이 물밀듯 열리고 있습니다.

그러나 사회적 거리두기의 수혜자였던 OTT(Over-The-Top) 서비스는 거리두기가 해제된 이후 이용자가 감소하는 현상을 보이고 있습니다. 세계 최대 OTT 기업인 넷플릭스(NetFlix)는 올해 1분기에 매출이 최초로 감소하였는데, 전년 대비 6.4 % 감소한 15억 9,700만 달러로 나타났습니다.

국내 OTT 시장 역시 하락세를 보이는데, 티빙(TVING)을 서비스하는 CJ ENM은 올해 1분기 미디어 부분 영업 이익이 38.2 % 감소하였고, 국내 지상파 3사(KBS, MBC, SBS) 콘텐츠를 서비스하는 웨이브 역시 이용자 수가 492만 명에서 433만 명으로 줄어들었습니다.

세종의 소리(김윤정 학생) | 2022.07.06.

기사 속 '오버 더 탑'을 찾아보세요.

26 브이로그(Vlog)

브이로그는 비디오(Video)와 블로그(Blog)를 합하여 생긴 말이에요. 블로그가 글과 사진으로 이루진 것에 반해 브이로그는 글을 쓰는 대신 영상을 찍어서 자신의 기록을 남기죠.

유튜브와 같은 플랫폼에 올려진 브이로그를 본 적 있나요? 자신의 일상생활 속 이야기를 영상으로 공유하고 사람들과 소통하는 동영상 콘텐츠랍니다.

Video — 비디오
Blog — 블로그

냥냥톡(talk)

브이로그를 찍기 위해 어제 하루종일 카메라 앞에 있었더니 너무 피곤하다냥!

우리 엄마께서도 인터넷 사이트에 사진을 올리거나 글을 쓰는 블로그가 있던데. 블로그의 다른 말이냥?

브이로그는 비디오와 블로그를 합한 것이라고 볼 수 있어. 사진이나 글 대신 비디오 영상을 찍어서 올리지.

그런데 그건 왜 하는 거냥?

나와 비슷하게 사는 다른 사람들의 모습을 보면서 공감도 하고, 대리 만족도 하고, 위로도 받을 수 있어. 하지만 난 사람들에게 기쁨을 주기 위해서 봉사하는 거야.

기사 속 어휘 찾기

공부한 날: 월   일

언박싱 말고 '개봉'… 브이로그 대신 '영상 일기'

다양한 SNS 채널을 통해, 누구나 콘텐츠를 만들 수 있는 1인 미디어의 시대입니다. 마음만 먹으면 우리는 창작자가 될 수 있습니다. 영상을 통한 소통의 양이 빠르게 증가하고, 사람과 사람 사이의 연결이 매일 더 촘촘해지고 있지만, 그것을 둘러싼 언어에 대한 고민은 이에 미치질 못합니다. 누구나 창작을 하고, 정보를 만드는 것만큼, 더 많은 사람들이 이것을 보게 하려면 외국어나 외래어 따위를 쉬운 우리말로 다듬어야 할 필요가 있습니다.

요즘 영상 콘텐츠에서 가장 자주 보이는 표현은 '브이로그'와 '언박싱'입니다. 브이로그(V-log)는 영상을 의미하는 '비디오(Video)'와 기록을 뜻하는 '블로그(Blog)'를 합친 말로, 자신의 일상을 촬영한 영상물을 뜻합니다. 동영상 공유 사이트가 인기를 끌면서 널리 쓰이게 됐지만, 어떤 말이 합쳐졌는지 몰라 여전히 '브이로그'를 낯설어 하는 사람도 많습니다. 국립국어원에서는 브이로그 대신 '영상 일기'라고 쓰자고 했습니다. 누구나 바로 알 수 있는 우리 말의 조합만으로도 충분히 그 뜻이 전달될 수 있습니다.

문화일보(박동미 기자) | 2022.07.04.

기사 속 '브이로그'를 찾아보세요.

27 인플루언서(Influencer)

인플루언서는 사회에 큰 영향력을 미치는 사람을 말해요. 사회에 영향력을 미치려면 유명한 사람이어야겠지요? 그런 사람은 누구일까요?

수십만 명의 구독자(팔로워)를 가진 SNS 유명인이나 유튜버들을 우리는 인플루언서라고 해요. 인플루언서가 사용하는 제품이나 서비스 따위에 사람들은 관심을 갖게 되죠. 그래서 기업은 인플루언서를 활용하여 제품을 홍보하는 경우도 많아요.

냥냥 톡 (talk)

영어 어휘의 끝에 -er을 붙이면 '무엇이 되는 사람'이라는 뜻으로 바뀌는 경우가 많아. '가르치다'라는 뜻의 '티치(teach)'에 -er을 붙이면 티처(teacher)가 되는 것처럼.

그럼 인플루언서는 '영향을 주다'라는 뜻의 '인플루언스(influence)'에 -er을 붙여 만든 것이구나.

그렇지. 인플루언서는 많은 사람에게 영향력을 행사하는 사람을 뜻해.

나도 그 정도는 생각할 수 있는 냥냥이라고!

차별화된 인플루언서 마케팅, 게임 흥행 이끌까

"이제는 유튜버, 스트리머(인터넷 방송인)를 빼놓고 새로운 작품의 홍보를 생각할 수 없는 것 같아요. 영향력이 큰 인플루언서를 섭외하는 것만으로도 초반 흥행에 유의미한 효과가 있거든요."

지난달 게임사 홍보팀과의 티타임 중 한 관계자가 한 말입니다. 이 관계자는 '이제는 마케팅팀에서 유명 인플루언서들의 명단을 모두 가지고 있을 정도'라고 설명했습니다.

지난 몇 년 전부터 게임업계는 새로운 게임이 나오는 시기에 발맞춰 유명 인터넷 방송인과 계약을 맺고 홍보 콘텐츠 협업을 진행하는 '인플루언서 마케팅'을 꾸준히 진행하고 있습니다. 인지도 높은 스트리머들을 앞세워 새로운 게임을 퍼뜨릴 수 있기 때문입니다.

이러한 홍보 방식이 자리잡은 가운데 최근 라인게임즈와 넥슨과 같은 일부 국내 게임사에서 이전과 다른 차별화된 방식의 인플루언서 마케팅을 선보여 눈길을 끌고 있습니다.

쿠키뉴스(강한결 기자) | 2022.07.15.

기사 속 '인플루언서'를 찾아보세요.

28 온라인/오프라인(Online/Offline)

온라인이란 컴퓨터 주변 기기들이 중앙 처리 장치와 통신 회선으로 연결되어 중앙 처리 장치의 직접적인 제어를 받는 상태를 말해요. 또한 인터넷상으로 연결되어 있는 상태를 말하기도 하죠. 온라인 쇼핑, 온라인 게임이라는 말 들어봤죠?

오프라인은 온라인의 반대 개념이에요. 우리는 흔히 인터넷에 접속하지 않은 상태를 오프라인이라고 말해요. 연결이 끊어져서 사용할 수 없는 경우이지요.

가장 대표적으로 두 어휘가 활용되는 경우는 물건을 살 때예요. 직접 방문하여 물건을 사는 마트나 시장 따위는 오프라인 시장, 직접 가지 않고 사이트에서 결제하는 건 온라인 시장이에요.

신나는 온라인 세상!

그러면 온라인 수업도 신나냥?

냥냥톡(talk)

코로나 19 상황이 심각할 때 온라인 수업만 하니까 답답하고 불편했었어.

인터넷으로 연결된 통신망을 통해서 수업에 참여한다는 게 답답하긴 했지.

그럼 온라인 수업의 반대는 오프라인 수업이냥?

맞아. 실제 교실에서 받는 수업을 오프라인 수업이라고도 해.

스위치를 켰을 때를 on, 껐을 때를 off라고 하는 것처럼, 인터넷에 연결된 상태를 온라인, 연결이 되지 않은 상태를 오프라인이라고 해.

기사 어휘 찾기

공부한 날: 월   일

한국도자재단, '경기도자페어' 온·오프라인 동시 개최

한국도자재단은 28일부터 31일까지 서울 코엑스(COEX) C홀과 네이버쇼핑 플랫폼에서 '2022 경기도자페어'를 온·오프라인 동시 개최한다고 27일 밝혔습니다.

경기도가 주최하고 한국도자재단이 주관하는 '2022 경기도자페어'는 새로운 도자 트렌드를 한눈에 볼 수 있는 국내 유일 도자 전문 박람회입니다.

올해는 '다시 만나는 도자 일상'을 주제로 일상에서 다시 만날 수 있게 된 사람, 그리고 도자와 함께하는 현대 라이프 스타일을 선보입니다. 온라인으로만 진행됐던 2020, 2021년과 달리 현장 행사까지 포함해 더욱 다양한 프로그램을 마련했습니다.

관람객들은 생활 도자부터 전통 도자, 장신구, 오브제(objet)와 같은 일상 속 최신 유행을 반영한 여러 도자 상품을 만나볼 수 있으며, 도예 작가와의 소통을 통해 작품에 대한 이야기를 듣고 자신과 어울리는 도자도 구입할 수 있습니다.

네이버쇼핑 플랫폼에서 열리는 온라인 행사에도 '리빙윈도 도자기 거리', '온라인 기획전', '쇼핑 라이브' 따위의 여러 판매 행사 프로그램이 준비돼 있습니다.

서울경제(윤종렬 기자) | 2022.07.27.

기사 속 '온라인/오프라인'을 찾아보세요.

29 스크린 타임(Screen time)

스크린 타임을 스마트폰 이용 시간으로만 알고 있나요? 스크린 타임은 스마트폰, 텔레비전, 컴퓨터 따위의 모든 디지털 기기를 사용하는 시간을 말해요.

좋은 교육 프로그램을 적절한 시간 동안 활용하는 것은 좋은 스크린 타임이 될 수 있지만, 너무 오랜 시간 동안 무분별하게 이용하는 것은 우리에게 해롭다는 것, 알고 있지요?

> 오! 웬일로 디지털 기기를 껐냥?
>
> 스크린 타임이 설정되어 있어서 꺼진 거야.

냥냥톡(talk)

 오늘 너의 스크린 타임은 몇 시간 몇 분이야?

 스크린 타임? 영화 본 시간을 물어보는 거냥?

 음…. 그런 시간도 포함되지. 스크린 타임은 스마트폰, 텔레비전, 컴퓨터 따위의 디지털 기기를 사용한 시간을 말해.

 과도한 스크린 타임은 건강에 해롭기 때문에 스마트폰에 스크린 타임을 측정해주고 사용을 제한하는 앱도 있으니 잘 활용해 봐.

 제한하는 앱이 있다고? 우리 부모님께는 말하지 말아 줘.

기사 속 어휘 찾기

공부한 날: 월   일

코로나 기간 6~10세 '스크린 타임' 하루 80분 늘어

코로나 대유행 기간, 어린이들의 스크린 타임이 하루 평균 1시간 20분씩 늘어났다는 연구가 나왔습니다. '스크린 타임(screen time)'은 스마트폰, 컴퓨터, 태블릿 따위의 디지털 기기 사용 시간을 말합니다.

영국 앵글리아러스킨대 연구진은 "이렇게 스크린 타임이 급격하게 늘면 아이들 눈 건강에 좋지 않을 뿐 아니라 공격성이 높아지고 짜증을 많이 내며, 정신 건강에도 악영향을 미친다."면서 "부모가 앞으로 아이들의 디지털 기기 사용 시간을 줄이고, 신체 활동을 늘리는 노력을 더 적극적으로 해야 한다."고 강조했습니다.

국내에서도 비슷한 연구 결과가 있었습니다. 지난달 여성가족부는 넷플릭스와 같은 온라인 동영상 서비스(OTT)를 일주일에 5일 이상 본다는 청소년이 2018년 15.4%에서 2021년 70.9%로 늘었다는 조사 결과를 발표한 바 있습니다. 청소년 하루 평균 인터넷 사용 시간도 2018년 2.5시간에서 2021년 3.9시간으로 늘어났습니다.

조선일보(김태주 기자) | 2022.07.02.

기사 속 '스크린 타임'을 찾아보세요.

30 인프라(Infra)

인프라는 '사회적 생산 기반'이란 의미로, 인프라스트럭처(infrastructure)를 줄여서 부르는 말이에요. 즉, 경제 활동의 기반이 되는 시설을 뜻하죠.

인프라는 도로, 항만, 공항과 같은 교통 시설, 전신, 전화와 같은 통신 시설은 물론 상하수도·배수 시설과 병원, 학교, 공원과 같은 생활 환경 시설까지 포함해요.

난 커서 인프라가 좋은 곳에서 살고 싶다냥!

냥냥톡(talk)

인프라는 우리가 생활하는데 필요한 각종 시설과 기반을 말해.

도로, 지하철, 항구와 같은 기반 시설을 말하는 거지?

맞아. 주위에 교통 시설이 잘 갖춰져 있으면 교통 인프라가 좋다고 하고, 대학 진학율이 높은 학교와 인기 있는 학원이 많은 곳은 교육 인프라가 잘되어 있다고 해.

아하! 그러면 내가 공부를 못하는 건 내 방의 공부 인프라가 나쁘기 때문이네. 내 방의 공부 인프라를 좋게 하면 이제 1등도 할 수 있겠지?

부디 그렇기를….

기사 속 어휘 찾기

공부한 날: 월   일

주차장에서 '몰래' 충전… 인프라 부족 때문?

일부 전기차 주인들이 공식 충전소가 아닌 일반 콘센트에서 '무료 충전'을 하는 경우가 있어 온라인상에서 논란이 되고 있습니다. 이른바 '도둑 충전'이라는 비판과 '충전 인프라의 부족'이라 어쩔 수 없다는 두 가지 의견이 있습니다.

이런 도둑 충전 행위는 차량에 있는 비상용 충전기를 사용해 이뤄지는 것으로 알려져 있습니다. 전기차 전용 콘센트에서 차량 주인을 인식한 후 요금을 부과하는 이동형 충전기와 달리, 응급 목적으로 쓰이는 비상용 충전기는 일반 콘센트에서도 충전이 가능합니다.

충전할 곳이 마땅치 않아 어쩔 수 없을 것이라고 보는 시각도 있습니다. 전기차는 올해 6월 기준 약 29만 8,633대인데 전국에 있는 공용 충전기는 9만 3,415개입니다. 이에 정부는 새로 짓는 아파트는 총 주차 면적의 5 %, 오래된 아파트는 2 % 이상 규모의 전기차 충전기 설치를 의무화해야 한다는 내용을 담은 시행령 개정안을 올해부터 적용시켰습니다.

아시아경제(임주형 기자, 송현도 인턴기자) | 2022.07.19.

기사 속 '인프라'를 찾아보세요.

모르냥의 하루

31. MZ 세대

MZ 세대란 밀레니얼 세대(1980년대 초반 ~ 2000년대 초반 출생)와 Z세대(1990년대 중반 ~ 2000년대 초반 출생)를 합해서 부르는 말이에요.

MZ 세대들은 인터넷, 스마트폰과 같은 디지털 환경에 친숙하고, 변화에도 침착하고 여유롭게 대처할 줄 알아요. 또 MZ 세대들은 개인의 행복을 중시하기 때문에 자신이 좋아하는 것이라면 돈과 시간을 아끼지 않는 특징이 있어요. 투자에도 아주 적극적이죠.

(talk)

요즘 MZ 세대, MZ 세대 하는데, MZ 세대가 뭐냥?

MZ 세대란 '밀레니얼 세대'의 M, 'Z 세대'의 Z를 합해 두 세대를 아울러 부르는 말이야.

MZ 세대는 디지털 환경에 친숙하고, 색다른 경험을 좋아한대. 또 자신이 좋아하는 것이라면 돈이나 시간을 아낌없이 쓴다고 해.

이상하다. 내 동생은 MZ 세대도 아닌데, 장난감을 사는데 아낌없이 용돈을 쓰던데?

너도 게임하는 데 아낌없이 시간을 쓰잖아. 그건 안 이상하냥?

기사 속 어휘 찾기

공부한 날: 월   일

'권리' 요구하는 MZ 세대에 기업들 'ㅇㅇㅇㅇ'으로 화답?

　여가를 중요하게 생각하고, 다양성을 존중받길 원하며, 자기중심적인 사람, MZ 세대의 주요 특징입니다. MZ 세대가 사회의 중심이 되어가고, 직장 내에서도 점차 많은 자리를 차지하고 있습니다.

　개인주의 성향이 강한 MZ 세대들은 직장에서 목소리를 내는 데 주저함이 없습니다. 자신의 성과에 대한 적절한 보상을 요구하는 경우도 많습니다. 이러한 세대의 변화, 기업이 원하는 인재상에는 어떤 영향을 미쳤을까요?

-중략-

　최근 발표한 자료에 따르면 올해 국내 매출 100대 기업은 책임 의식을 인재상으로 가장 많이 꼽았습니다. 지난 조사에서 1위였던 소통·협력은 3위로 밀려났고, 2위였던 전문성은 6위에 그쳤습니다.

　이 결과에 대해 대한상공회의소는 자신들의 권리를 요구하는 MZ 세대에 맞춰 기업들은 그에 상응하는 요구를 내놓은 것이라고 분석했습니다. 권리를 찾기 위해서는 책임 의식이 필요하다는 것입니다.

뉴스웨이(이석희 기자) | 2023.02.03.

기사 속 'MZ 세대'를 찾아보세요.

32 알파 세대

알파 세대는 2010년에서 2024년 사이에 태어난 세대로, 스마트폰, 인공지능(AI) 로봇과 같은 기술적 진보를 경험하며 자란 세대예요. 기계와의 소통에 익숙하여 이전 세대가 즐기던 텔레비전이나 라디오가 아닌 인스타그램, 카카오톡, 유튜브 등의 온라인 플랫폼을 선호하지요.

알파 세대는 지나친 디지털 기기에 노출된 관계로 건강 문제뿐 아니라 사회성이나 정서 발달에 부정적인 영향이 우려되기도 하는 세대예요.

냥냥톡 (talk)

X 세대, Y 세대, Z 세대, MZ 세대…. 우리는 어느 세대일까?

우리는 알파 세대야! 알파 세대는 Z 세대 이후의 세대에 대한 명칭을 고민하다 마땅한 명칭을 찾지 못하여 고대 그리스 알파벳의 첫 글자인 알파를 딴 것이래.

큰 의미가 있는 것은 아니구나.

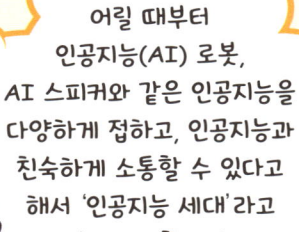
어릴 때부터 인공지능(AI) 로봇, AI 스피커와 같은 인공지능을 다양하게 접하고, 인공지능과 친숙하게 소통할 수 있다고 해서 '인공지능 세대'라고 부르기도 한다냥!

기사 속 어휘 찾기

공부한 날: 월   일

'알파(α) 세대'…, '초딩 개발자' 등장

한국보다 디지털 전환(DX) 속도가 느린 것으로 평가받는 일본에서 '초등학생 개발자'가 속속 등장하고 있습니다. 어려서부터 수준이 높은 기술을 접하며 자라난 이른바 '알파(α) 세대'가 인공지능(AI) 기반 애플리케이션(앱)을 만들고 교육 기업을 세우는 따위의 성과를 내고 있어 관심을 받고 있습니다.

23일 니혼게이자이신문(닛케이)은 일본 정부가 지난 2020년 자국 초등학교에서 코딩 교육을 필수화한 이후 우수 개발 능력을 갖춘 어린이들이 나타나기 시작했다고 보도했습니다. 태어날 때부터 스마트폰과 같은 디지털 기기를 접하고, 교육 과정에서 코딩을 배운 알파 세대가 재능을 나타내기 시작한 셈입니다.

닛케이는 디지털 기술이 한층 널리 보급되는 미래에는 참신한 창의력이 새로운 부가가치로 이어질 것이라고 전망했습니다. 이에 따라 사회가 재능 있는 어린이의 아이디어를 적극적으로 받아들이고 이를 지원해야 한다고 강조했습니다. 특히 '코딩'이 어린이들의 숨은 재능을 외부로 표출하도록 하는 핵심 도구라고 봤습니다.

전자신문(윤희석 기자) | 2022.02.23.

기사 속 '알파 세대'를 찾아보세요.

33 가성비/가심비

가성비는 '가격 대비 성능의 비율'을 줄인 말이에요. 가격에 비하여 성능이 소비자에게 얼마나 큰 만족감을 주는지를 나타내지요. 저렴한 가격으로 물건을 구입했는데, 성능이 생각보다 우수할 때 우리는 가성비가 좋다고 표현해요. 요즘은 가심비라는 말도 등장했어요. 가격과 '마음 심(心)' 자를 더한 신조어로, 만족감을 더욱 중요시하는 경우를 말해요. 가심비는 조금 비싸더라도 만족할 수 있는 것을 구입하는 것이지요.

값 가

성품 성

마음 심

견줄 비

냥냥톡(talk)

이어폰을 새로 샀는데, 저렴하게 잘 사서 매우 만족스러워.

나도 어제 이어폰 샀는데, 가격 비교 없이 샀더니 좀 비싸게 산 것 같아.

내 이어폰이 가성비가 더 좋네. 상품의 성능을 비교해서 큰 차이가 없다면 가격이 저렴한 물건이 더 가성비가 좋은 거지.

다시 가서 나도 가성비 좋은 이어폰으로 교환해야겠다냥!

기사 속 어휘 찾기

공부한 날: 월   일

고물가 속 '가성비'·'최저가' 상품 인기 뜨겁다

　고물가에 대형마트, 편의점에서 가성비 높은 제품을 찾는 소비자들이 크게 늘어났습니다. 유통업계는 소비자들이 장바구니 물가 부담을 덜 수 있도록 주요 상품을 합리적인 가격으로 제공한다는 계획입니다.

　홈플러스는 치솟는 물가를 잡기 위해 지난 2월부터 연중 실시 중인 '물가안정 365'가 높은 판매량을 기록하고 있다고 27일 밝혔습니다. 특히 지난 2월부터 이달 17일까지 약 6개월간 홈플러스 PB(자체 브랜드) 상품인 '홈플러스 시그니처 극산콩 두부'는 판매량이 전년 같은 기간에 비해 126% 올랐습니다. 이 제품은 홈플러스 두부 전체 품목 중 매출 1위에 오르기도 했습니다. '물가안정 365'는 고객 선호도가 높은 상품을 연중 최저가에 제공하는 홈플러스의 PB 가격 정책입니다. 같은 기간 전체 상품 판매량은 전년 동기 대비 약 125% 증가했습니다.

　홈플러스·이마트24 관계자는 '연일 치솟는 생활물가에 대한 영향을 최소화하고 고객 장바구니 물가를 낮출 수 있도록 품질이 뛰어난 가성비 상품, 최저가 상품을 다양하게 선보일 계획'이라고 말했습니다.

스포츠서울(김자영 기자) | 2022.07.27.

기사 속 '가성비/가심비'를 찾아보세요.

34 MBTI

MBTI(The Myers-Briggs Type Indicator)는 심리학적 유형을 바탕으로 하여 만들어진 성격 유형 검사예요. 쉽게 답할 수 있는 문항을 통해 개인이 특별히 좋아하는 경향을 찾아내고, 그 성향이 어떤 행동으로 나타나는지 알 수 있어요.

MBTI의 선호 경향은 외향형/내향형 지표, 감각형/직관형 지표, 사고형/감정형 지표, 판단형/인식형 지표의 네 가지로 분리하여 구성돼요. 이 네 가지 지표가 다양하게 조합되어 16가지의 성격 유형이 나타나는 것이지요.

기사 속 어휘 찾기

공부한 날: 월 일

"ENTJ 모십니다" "이 유형은 별로"… MBTI 믿습니까?

사람들은 트렌드에 민감합니다. 트렌드를 따라가야 소속감을 느낄 수 있다고 생각해서이지요. 그렇다면 현재 한국의 트렌드는 무엇일까요?

한국은 4개의 알파벳으로 '나'를 정의하는 MBTI에 열광하고 있습니다. 개인의 적성을 이해하는 도구로 사용됐던 MBTI는 젊은 세대의 문화로 자리잡았습니다. 이에 처음 만나는 사람에게 "MBTI가 무엇입니까?"라고 물어보는 것은 자연스러운 현상이 됐습니다. 처음 만나는 사람과 MBTI를 주제로 대화하면 빠르게 친해질 수 있어 어색함을 푸는 대화의 소재로도 꼽힙니다.

―중략―

MBTI로 사람의 성격을 구분하는 게 습관이 되면 색안경을 낀 채 누군가를 바라보게 될 것입니다. 가장 큰 문제는 알파벳 4개로 정체성을 구분하면 그 틀에 갇혀 자신의 가능성과 능력을 제한할지도 모른다는 점입니다. MBTI를 자신을 파악하는 하나의 수단으로 가볍게 즐기면 건강하고 유용하게 활용할 수 있지 않을까요?

머니S(서진주 기자) | 2022.08.07.

기사 속 'MBTI'를 찾아보세요.

35 트렌드(Trend)

트렌드란 생각이나 행동 또는 어떤 현상에서 나타나는 일정한 방향을 뜻해요. 사회의 전체적인 유행이나 흐름이라고 말할 수 있죠. 이러한 트렌드는 고정된 것이 아니라 시대에 따라, 세대에 따라 변해요. 보통 1년에서 5년 정도 지속적으로 나타나는 움직임을 트렌드라고 하며, 이런 트렌드를 제시하고 이끌어가는 사람을 트렌드 세터라고 불러요.

냥냥톡(talk)

요즘 흔히 말하는 트렌드는 사회 전반에 걸쳐 비슷한 문화 양식을 꽤 오랜 시간 동안 공유하는 것이라고 할 수 있어.

패션, 여행, 경제, 독서, 음악, 소비 트렌드 외에도 무척 다양한 분야에서 사용해.

아, 우리 아빠도 요즘 여행 트렌드는 캠핑이라며 캠핑 장비를 많이 사셨어.

우리가 앞에서 공부한 어휘들 속에서도 여러 트렌드를 발견할 수 있어. 가성비나 가심비는 요즘의 소비 트렌드이고, 주식이나 펀드를 통해 투자하는 사람들이 많아진 것도 요즘의 경제 트렌드라고 볼 수 있지.

이제 나도 트렌드에 대해 알 것 같다냥!

기사 속 어휘 찾기

공부한 날: 월   일

트렌드에 따라 '저당, 저칼로리 음료' 관심 UP↑

　다이어트에 대한 관심이 증가하고 즐거운 건강 관리를 지향하는 '헬시 트레저(Healthy Treasure)' 트렌드에 따라 저당, 저칼로리 음료를 찾는 사람들이 많습니다.

　한국건강증진개발원의 최근 자료에 따르면, 코로나 19로 인해 10명 중 4명이 코로나 19 이전과 비교해 체중이 증가했습니다. 일상생활에서 활동량 및 운동이 줄어들고 식습관이 변화한 탓입니다. 코로나 19 이후 생활에서 가장 크게 나타나는 변화로도 체중 증가를 뽑았습니다.

　건강한 다이어트를 추구하는 소비자가 증가하면서 저당, 저칼로리 음료도 계속하여 나오고 있습니다. 코카콜라도 한정판 '제로 스타더스트'를 새롭게 선보였습니다. 우주의 짜릿함을 담는다는 콘셉트로 만들어진 제로 스타더스트는 탄산의 톡 쏘는 맛 대신 부드러움과 과일 향을 강조하고, 기존 어두웠던 색상도 분홍과 보랏빛을 섞었습니다. 코카콜라는 제로 마시멜로까지 출시하면서 제로 슈거, 수박, 딸기 맛을 적극적으로 표현했습니다. 건강을 중시하는 새로운 세대를 겨냥한 모습입니다.

디지털조선일보(서미영 기자) | 2022.08.08.

기사 속 '트렌드'를 찾아보세요.

36 워라밸(Work and Life)

워라밸은 일(워크, work)과 삶(라이프, life)의 균형(balance)이라는 의미예요. 업무와 개인적인 생활 사이의 균형을 표현한 어휘로, 영국에서 처음 등장했어요.

워라밸은 지나치게 힘든 업무, 근무 시간 이외의 초과 근무, 퇴근 후에도 이어지는 업무 따위로 개인이 누릴 수 있는 삶의 시간이 줄어드는 현대 사회에서 개인의 삶도 존중받고자 하는 것이지요.

개인의 행복을 중시하는 MZ 세대에게 딱 맞는 말인 것 같죠?

난 나의 워라밸을 위해 학교가 끝난 뒤에는 아무것도 안 할 거다냥!

일하는 것도 아니면서 무슨 워라밸?

(talk)

워라밸은 워크 라이프 밸런스의 앞 글자에서 따온 말이야. 워크(Work)는…

학교에서 홈워크(homework) 배웠잖아. 학생들이 집에서 하는 일이라서 숙제라고 하셨지. 그러므로 워크는 일!

오~, 기억하네. 라이프는 삶, 밸런스는 균형이라는 뜻으로, 워라밸은 일과 삶의 균형 이라는 의미야.

너무 일만 하지 말고, 일 이외의 나의 삶과도 균형을 이루며 살자는 거구나?

맞아. 일하는 데 많은 시간을 보내기보다 가족과의 시간도 갖고, 자신의 취미나 휴식을 위한 시간도 균형 있게 갖기를 원하는 마음이지.

기사 속 어휘 찾기

워라밸 좋은 도시 1위 오슬로… 서울은?

노르웨이의 수도 오슬로가 세계에서 가장 일과 삶의 균형, 이하 워라밸이 가장 좋은 도시로 꼽혔습니다. 반면 서울은 100개 도시 중 88위를 차지했습니다.

KISI는 휴가 수당, 육아 휴직, 재택 근무, 실업률 따위의 기준을 바탕으로 워라밸이 좋은 도시 순위를 정했습니다.

특히 코로나 19로 인해 원격 근무가 보편화되면서 재택 근무, 근무 정도가 워라밸의 중요한 평가 근거가 됐습니다. 또한, 근무 시간 외에도 문화 및 여가 활동에 대한 접근성과 도시 치안도, 야외 활동 공간의 수, 대기의 질 따위도 평가 요소로 작용했습니다.

그 결과 노르웨이의 수도 오슬로가 총점 100점으로 100개 국가 중 1위를 차지했습니다.

—중략—

반면 서울은 79.71점을 기록하며 88위에 머물렀습니다. 이는 2021년 50개 도시 중 30위를 차지한 것에 반해 떨어진 순위입니다.

매일경제(정윤지 기자) | 2022.06.21.

기사 속 '워라밸'을 찾아보세요.

37 베지테리언(Vegetarian)

베지테리언은 채소, 과일, 해초와 같은 식물성 음식 이외에는 아무것도 먹지 않는 채식주의자를 말해요. 베지테리언은 동물성 식품, 즉 육류와 생선, 우유와 동물의 알, 꿀과 같은 동물에게서 얻은 식품은 전혀 먹지 않아요.

더 넓은 의미로 동물을 착취해서 생산되는 모든 제품과 서비스를 거부하는 사람을 '비건(vegan)'이라고 부르기도 해요.

난 비건의 삶은 못 살겠다!

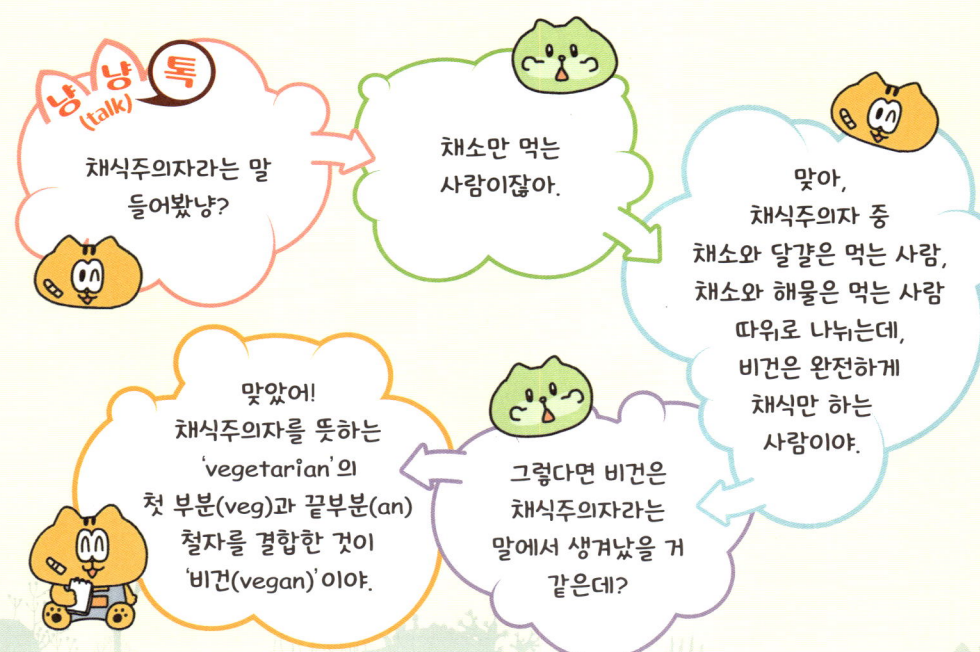

냥냥톡(talk)

- 채식주의자라는 말 들어봤냥?
- 채소만 먹는 사람이잖아.
- 맞아, 채식주의자 중 채소와 달걀은 먹는 사람, 채소와 해물은 먹는 사람 따위로 나뉘는데, 비건은 완전하게 채식만 하는 사람이야.
- 그렇다면 비건은 채식주의자라는 말에서 생겨났을 거 같은데?
- 맞았어! 채식주의자를 뜻하는 'vegetarian'의 첫 부분(veg)과 끝부분(an) 철자를 결합한 것이 '비건(vegan)'이야.

기사 속 어휘 찾기

화장품도 '비건' 열풍

화장품 업계에 '비건' 열풍이 불고 있습니다. 화장품 업체들은 잇달아 비건 제품을 내놓고, 비건 인증 기관에는 인증 요청이 급증하고 있습니다. 동물을 보호하고 친환경 제품을 선호하는 이른바 '미닝아웃(가치 소비)' 현상에 따라 비건의 영역이 식품뿐 아니라 화장품으로 확장되고 있는 것으로 풀이됩니다.

27일 화장품 업계에 따르면 국내 최초의 비건 인증기관 한국비건인증원에서 인증한 비건 제품은 2018년부터 지난해 말까지 2,500여 개에 달합니다. 1,000개 가량이 화장품입니다.

또 다른 인증기관인 비건표준인증원은 2020년 하반기 인증 서비스를 개시한 이후 500여 개의 비건 화장품을 인증했습니다.

비건 인증기관 관계자는 "지난해 인증 제품은 전년 대비 두세 배에 달했다."며 "인증 신청이 식품에 국한되지 않고 화장품, 생활용품과 같은 다양한 품목에서 급증하고 있다."고 설명했습니다.

한경닷컴(하수정 기자) | 2022.06.27.

기사 속 '베지테리언'을 찾아보세요.

38 사회적 소수자

사회적 소수자란 신체적, 문화적 특징으로 인해 사회 다수의 사람들과 구분되어 불평등한 대우를 받는 개인 혹은 집단을 말해요. 예를 들어 장애인이 비장애인보다 교육이나 사회 생활에 제한을 받을 수 있고, 외국인 노동자의 경우는 편견으로 인해 부당한 대우를 받기도 하죠. 인종, 국적, 민족, 언어, 문화, 종교, 성별, 장애, 성적지향, 가치관 따위를 까닭으로 구분되어지는 사회적 소수자는 시대나 사회에 따라 변하기도 해요.

社	會	的	少	數	者
모일 **사**	모일 **회**	과녁 **적**	적을 **소**	셀 **수**	사람 **자**

냥냥톡 (talk)

소수자는 말 그대로 수가 적은 사람들을 뜻하겠구나.

문화나 신체적 차이로 인하여 사회에서 다수를 이루는 사람들과 구분되어지는 소수의 사람들을 말해.

다수결의 법칙에서도 소수의 의견을 존중해야 한다고 배웠는데, 사회적 소수자들도 존중받는 사회가 되었으면 좋겠다.

사회적 소수자라는 말이 사라지는, 모두가 평등하고 행복한 세상이 되었으면 좋겠어~.

기사 속 어휘 찾기

공부한 날: 월   일

우리가 몰랐던 소수자들의 이야기

　장애인, 외국인 노동자, 성소수자, 미혼모. 사회적 소수자에 관한 이야기를 할 때 차별과 편견의 피해자로 흔히 떠올리는 사람들입니다. 하지만 우리 주변에는 생각보다 더 많은 사회적 약자들이 있습니다. 심지어 스스로를 소수자라고 생각조차 하지 못한 경우도 있습니다. 고도비만인, 채식주의자, 입양 가족, 검정고시인, 탈모인, 왼손잡이 따위가 대표적입니다. 2018년 3월부터 2019년 10월까지 한국일보 정책 사회부 기자들은 기존의 '전통적인 소수자'에 더해 '잘 알려지지 않은 소수자'들까지 만났습니다.

　소수자의 범위가 늘어나는 까닭 중 하나는 시대의 변화이고, 소수자 내 다양성과 차별 문제도 생각해 볼 수 있습니다. 장애인 복지법을 살펴보면 장애인 복지 시설을 이용하는 과정에서 장애인 사이에도 불공평한 대우가 있다는 사실을 알 수 있습니다.

　소수자의 가족 역시 소수자의 삶을 사는 사람들입니다. 가족 중 발달장애 아동이 있으면 비장애 형제자매가 상대적으로 방치될 위험이 있고, 전과자의 가족은 당사자보다 더욱 혹독한 죗값을 치르는 경우도 많습니다. 책을 읽다 보면 결국 '누구나 어떤 맥락에서는 소수자일 수 있다.(홍성수 숙명여대 법학부 교수)'는 결론에 이르게 됩니다.

한국일보(장재진 기자) | 2021.02.25.

기사 속 '사회적 소수자'를 찾아보세요.

39 난민

일반적으로 가난하여 생활이 어려운 사람을 난민이라고 부르지만, 최근에는 자연재해나 전쟁으로 인해 어려움에 빠진 사람들도 난민이라고 말해요. 난민은 테러나 정치적 탄압, 인종 또는 종교적 압박을 피하려고 자신의 나라를 떠나 다른 나라로 이동하는 이들을 가리키죠.

어려울 난

백성 민

냥냥톡(talk)

세계 곳곳에 난민이 있대. 그런데 어떤 사람들을 난민이라고 부르는 거냥?

난민을 한자 그대로 풀이하면 어려움에 처한 백성이라는 뜻이야. 더 정확하게 난민은 전쟁이나 재난 따위로 어려움에 빠진 사람들을 말해.

어떤 나라에서 난민이 발생해?

아프가니스탄, 팔레스타인, 시리아도 그렇고, 최근에는 러시아와 우크라이나 전쟁으로 인한 우크라이나 난민도 발생하고 있어.

공부한 날: 월   일

우크라이나 떠난 난민 900만 명 육박…

러시아의 우크라이나 침공 이후 약 4개월 동안 우크라이나 영토를 떠난 난민이 약 900만 명에 달하는 것으로 나타났습니다.

5일(현지 시각) 유엔난민기구(UNHCR)가 발표한 통계에 따르면, 이날까지 우크라이나를 떠난 난민의 수는 총 879만 2,763명을 기록했습니다.

인접 국가인 폴란드로 국경을 넘은 사람이 447만 2,349명으로 가장 많았고, 러시아로 넘어간 난민은 151만 8,394명을 기록했습니다. 헝가리(90만 5,104명), 루마니아(78만 6,839명), 슬로바키아(56만 9,702명), 몰도바(52만 3,707명), 벨라루스(1만 6,668명)가 뒤를 이었습니다.

우크라이나 동부 루한스크 주 점령에 성공한 러시아 군이 도네츠크 주에 집중 공세를 퍼붓고 있는 만큼, 난민 수는 곧 900만 명을 넘어설 가능성이 큰 상황입니다.

조선비즈(노자운 기자) | 2022.07.07.

기사 속 '난민'을 찾아보세요.

40 보이스 피싱(Voice fishing)

보이스 피싱은 전화를 통하여 상대방을 속이고 돈을 가로채는 전화 금융 사기 수법을 말해요.

보이스 피싱은 공공기관, 경찰 따위를 사칭하여 개인정보를 알아내고 그 정보로 돈을 빼내기도 해요. 또한 가족·친인척의 사고나 납치를 거짓으로 꾸며 돈을 보내게 하는 수법을 쓰기도 하죠. 날이 갈수록 보이스 피싱 수법과 종류가 교묘하고 다양해져 피해 사례가 이어지고 있어요.

냥냥 톡(talk)

텔레비전에서 보이스 피싱을 조심하라는 뉴스가 나왔어. 너도 조심해.

전화로 거짓말을 해서 사기를 치는 거? 그런데 목소리라는 뜻의 보이스는 알겠는데, 피싱은 뭐냥?

피싱은 '개인정보(private data)'와 '낚시(fishing)'를 뜻하는 영어 어휘를 합성해 만든 말이야. 목소리로 상대방의 개인정보를 알아내서 이를 범죄에 이용하는 전화 금융 사기 수법이지.

낚시 좋아하는데…. 낚시라는 말이 이렇게 무섭게 변할 줄이야….

"하루 25억 털렸다"… 서민 등친 보이스 피싱 피해

　올 상반기(1 ~ 6월) 보이스 피싱(전화 금융 사기)으로 인해 발생한 피해 규모입니다. 최근 전화 금융 사기 방법이 고도화되고 있어 각별한 주의와 지속적인 관심이 필요합니다.

　경찰청 국가수사본부는 올 상반기 발생한 전화 금융 사기는 총 1만 2,401건으로, 피해 규모는 368억 원, 피의자는 총 1만 1,689명을 잡았다고 17일 밝혔습니다. 피해 규모는 월평균 511억 원, 하루 평균 25억 원(주말 제외)에 이르는 것으로 파악됐습니다.

　최근 전화 금융 사기 수법은 계좌이체형에서 대면편취형으로 바뀌었습니다. 이에 국수본은 형법상 범죄단체조직죄가 적용되는 해외 범죄조직원을 중점적으로 단속한 결과 총 267명(구속 85명)을 검거했습니다.

　또 전화 금융 사기에 핵심적으로 이용되는 범행 수단 8가지를 선정해 올해 4 ~ 6월 특별 단속을 벌인 결과 범행 수단 총 3만 7,226개와 불법 환전 금액 585억 원을 적발하고, 3,627명(구속 213명)을 검거했습니다. 8대 범행 수단은 대포폰, 대포통장, 전화번호 변작 중계기, 불법 환전, 악성 앱, 개인정보 불법 유통, 미끼 문자, 거짓 구인 광고입니다.

이데일리(이소훈 기자) | 2022.07.17.

기사 속 '보이스 피싱'을 찾아보세요.

41 인플레이션(Inflation)

인플레이션이란 화폐 가치가 떨어지고 물가가 지속적으로 오르는 경제 현상을 말해요. 인플레이션은 총공급(제공하는 양)보다 총수요(원하는 양)가 많은 경우에 발생해요. 또 제품을 만드는 비용이 오르는 경우, 기업들이 높은 이윤을 얻기 위해 물건의 가격을 올린 경우와 같이 다양한 원인으로도 인플레이션이 발생해요.

냥냥톡(talk)

엄마께서 요즘 인플레이션이 심해 장보기가 무섭다고 하시던데, 인플레이션이 뭐냥?

인플레이션은 '입김을 불어 넣다'라는 뜻의 라틴어 inflare에 어원을 두고 있어. 풍선에 입김을 불어 넣으면 부푸는 것처럼 돈이 부풀어 있는 상태이지.

돈이 많다는 말이야?

응. 시중에 돈은 많이 있는데 물건의 양은 정해져 있으니 물건 가격이 올라가게 되는 거야.

돈의 가치가 떨어지겠구나.

 기사 속 어휘 찾기

공부한 날: 월   일

인플레이션은 월급 먹는 하마

　6월 소비자 물가 상승률이 24년 만에 6 %대를 기록하고 물가가 가파르게 오르면서 1분기(1 ~ 3월) 도시 중산층 근로자 가구의 실질 소득이 감소한 것으로 집계됐습니다. 월급이 올라도 물가 상승으로 실제 소득은 줄었다는 것입니다.

　6일 통계청에 따르면, 지난 1분기 특별시와 광역시를 포함한 도시에 거주하는 근로자 가구의 월평균 소득(571만 4,309원)은 작년 1분기보다 6.4 % 증가했습니다. 하지만 소득 상위와 하위 20 %를 제외한 나머지 60 %로, 중산층에 해당하는 도시 근로자 가구의 1분기 월평균 실질 소득은 오히려 쪼그라들었습니다.

－중략－

　성태윤 연세대 교수는 "실질 소득 감소는 인플레이션 시기에 흔히 나타나는 현상이지만, 실질 소득이 줄었으니 임금 인상으로 해결해야 한다는 주장은 악순환을 부를 수 있다."며 "임금 상승이 추가적인 물가 상승으로 이어지면 인플레이션이 더 악화될 수 있다."고 했습니다.

조선경제(황지윤 기자) | 2022.07.07.

기사 속 '인플레이션'을 찾아보세요.

42 환율

나라마다 사용하는 돈의 단위가 모두 다르다는 것은 알고 있지요? 그래서 다른 나라로 여행을 갈 때는 그 나라의 돈을 준비해야 해요.

우리나라의 돈과 외국 돈의 교환 비율을 '환율'이라고 하며, 환율에 따라 우리나라의 1,000원을 미국 돈 약 1달러와 교환할 수 있어요. 환율은 국제 경제의 흐름에 따라 매일 조금씩 차이가 있어요.

바꿀 **환**

비율 **률(율)**

오르락 내리락 환율, 내 성적표 같다냥!

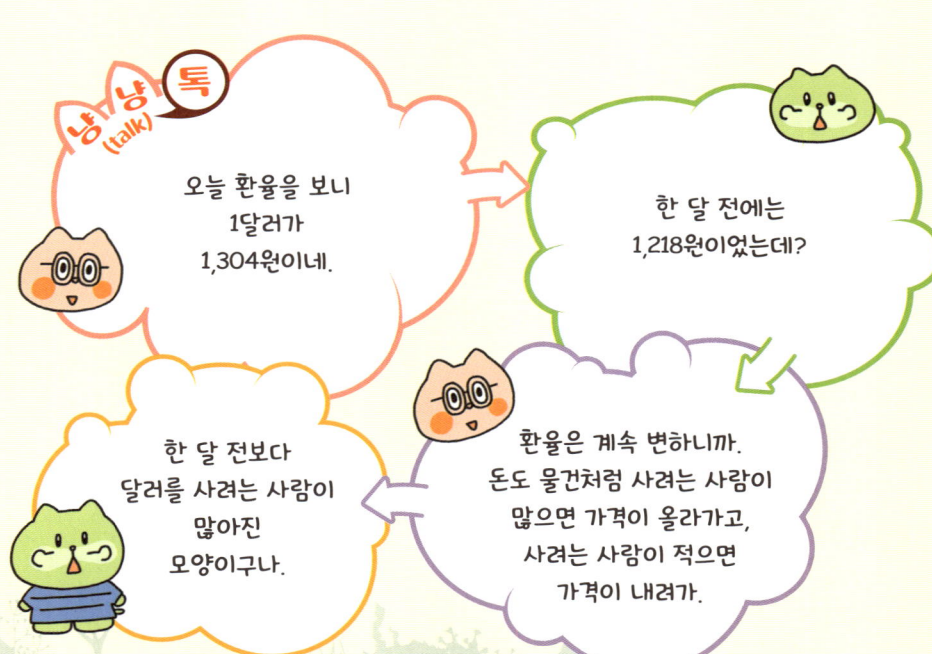

냥냥톡(talk)

오늘 환율을 보니 1달러가 1,304원이네.

한 달 전에는 1,218원이었는데?

환율은 계속 변하니까. 돈도 물건처럼 사려는 사람이 많으면 가격이 올라가고, 사려는 사람이 적으면 가격이 내려가.

한 달 전보다 달러를 사려는 사람이 많아진 모양이구나.

기사 속 어휘 찾기

원/달러 환율 1,296.1원에 마감… 1,300원 아래로

28일 원/달러 환율이 하루 새 15원 넘게 떨어지며 15거래일 만에 처음으로 1,300원 아래로 내려왔습니다.

이날 서울 외환시장에서 달러 대비 원화 환율은 전날 종가보다 17.2원 내린 달러당 1,296.1원에 거래를 마쳤습니다.

환율은 전장보다 7.3원 내린 1,307.7원에 출발해 내내 우하향하면서 오후 3시쯤 1,299원대로 진입하더니 장 마감 직전에는 1,296.1원까지 떨어졌습니다.

환율이 1,300원 아래로 떨어져 마감한 것은 지난 7일(1,299.8원) 이후 15거래일만입니다. 하락 폭은 지난 5월 30일(17.6원) 이후 가장 컸습니다.

오후 3시 30분 현재 원/엔 재정환율은 100엔당 959.56원입니다. 전 거래일 오후 3시 30분 기준가(959.42원)에서 0.14원 올랐습니다.

연합뉴스(김유아 기자) | 2022.07.28.

기사 속 '환율'을 찾아보세요.

43 소상공인

소상공인이란 규모가 특히 작은 소기업의 자영업자를 의미해요. **소상공인**은 제조업, 건설업 및 운수업은 상시 근로자(매월 임금 지급의 기초가 되는 근로일이 16일 이상인 근로자) 기준으로 9명 이하인 사업자를 말하고, 도소매, 서비스업은 4명 이하의 상시 근로자를 둔 경우를 말해요.

 작을 **소**
 장사 **상**
 장인 **공**
 사람 **인**

우리 엄마께서 미용 자격증을 따셨어.

우아, 축하드린다고 전해줘. 그럼 이제 미용실 차리시는 거야?

응. 우리 어머니도 소상공인이 되시는 거지.

소상공인이 뭐냐?

소상공인은 규모가 작은 기업이나 자영업을 하시는 분들을 말해. 엄마를 포함하여 2명 더 일하실 거라고 하셨으니, 소상공인이라고 할 수 있지.

기사 속 어휘 찾기

공부한 날: 월   일

오아시스마켓, 소상공인 희망 사다리 '희망장터' 오픈

오아시스마켓이 중소상공인 희망재단과 함께 소상공인들의 성장 사다리로 나섰습니다.

―중략―

새벽 배송 전문업체 오아시스마켓은 지난해 9월부터 12월까지 중소상공인 희망재단과 소상공인 O2O 플랫폼 지원을 위한 업무 협약 체결을 맺고, 소상공인의 판매를 위한 지원에 나선 바 있습니다. 당시 입점 후 매출이 400배 이상 증가하는 업체가 등장하는 등 성공적인 성과를 거뒀습니다.

이번 기획전에서는 '국산 원료 100 %', '찬이네과수원 과일즙', '시원달콤 천연 아이스홍시', '쪄서 볶아 속 편안한 미숫가루', '동결건조 딸기 초콜릿' 따위의 여름철 더위를 날려 줄 약 300개의 다양한 소상공인 상품을 선보입니다.

(※ O2O: On-line to Off-line, 온라인과 오프라인을 접목해 새로운 시장을 만들어 보자는 데서 나온 마케팅 방식)

전자신문(성현희 기자) | 2022.07.18.

기사 속 '소상공인'을 찾아보세요.

44. 키오스크(Kiosk)

키오스크는 '신문, 음료를 파는 매점'을 뜻하는 영어 어휘이지만, 터치스크린 방식으로 정보를 전달하거나 주문 및 결제를 하는 무인 단말기를 가리키는 말이기도 해요.

우리나라에서는 후자의 의미로 주로 사용되고 있는데, 음식점 따위의 매장에서 물건을 주문하는 무인 주문기를 키오스크라고 불러요.

키오스크 주문! 어렵지 않아요.

냥냥톡(talk)

키오스크란 말 들어봤어?

음식점에서 음식 주문하는 기계 말하는 거냥?

키오스크는 정원에 설치된 작은 건축물인 정자를 뜻하는 말이었대. 그러다 신문, 담배, 음료를 파는 매점으로 그 이름이 쓰였고.

난 음식점에서 음식 주문하는 기계를 키오스크라고 하는 줄 알았어.

응. 최근에는 교통 정보 따위를 안내해주는 기기, 음식점에서 음식을 주문하는 무인 주문기를 뜻하는 말이 되었지.

기사 속 어휘 찾기

공부한 날: 월   일

키오스크로 음식 주문하세요

경북 상주시는 어르신들이 디지털 기기를 쉽게 체험할 수 있는 '디지털 체험존'을 운영하고 있습니다. 무인, 비대면 중심의 디지털 대전환이 가속화되면서 어르신들의 디지털 기기 이용 차이를 해소하기 위한 방법입니다.

디지털 체험존은 어르신들이 많이 찾는 노인종합복지관 1층 로비에 마련돼 있으며, 서포터즈가 상시 배치돼 어르신이 일대일 맞춤형으로 도움을 받을 수 있습니다.

이곳에서는 키오스크, 태블릿, AI 스피커, 스마트 전구, VR 기기를 체험할 수 있습니다. 또 온라인 스튜디오 공간을 통해 1인 방송도 직접 할 수 있습니다.

특히, 교육용 키오스크를 통해 승차권 예매, 무인 민원 발급, 음식 및 커피 주문과 같은 다양한 유형의 키오스크 작동법을 배울 수 있어 일상 속 어르신들에게 큰 도움이 될 것으로 기대됩니다.

헤럴드경제(김성권 기자) | 2022.07.12.

기사 속 '키오스크'를 찾아보세요.

모르냥의 하루

45. 안전 불감증

안전 불감증이란 위험한 상황을 느끼더라도 사고에 대한 의식이 무뎌져서 심각하게 받아들이지 않는 상태를 말해요. '설마~, 사고가 나겠어?', '나는 괜찮을 거야.'라며 편안하게 대응하는 것을 말하죠. 안전 불감증은 사고의 위험에 대하여 심각하게 생각하지 않아 큰 피해를 낳게 되는 원인이 될 수 있어요.

安	全	不	感	症
편안 **안**	온전할 **전**	아닐 **불**	느낄 **감**	증세 **증**

냥냥톡 (talk)

 코로나 기간이 길어지면서 사람들이 안전 불감증에 걸린 것 같아.

안전 불감증? 그건 무슨 병이냥?

 안전 불감증이란 위험에 대해 무뎌지거나 익숙해져서 위험하다고 생각하지 못하는 증상을 말해.

 나도 안전 불감증에 걸렸나봐. 맛있으면 0칼로리라는 말만 믿고 계속 먹었더니 5 kg이나 쪘다냥!

 그건 비만 불감증이라고 해야 하나?

기사 속 어휘 찾기

공부한 날: 월   일

재유행 조짐 보이는 코로나… 시민들은 '안전 불감증'

#1 낮 체감 온도가 33도가 넘었던 지난 2일, 전국민주노동조합총연맹(민주노총)은 서울 중구 서울시청 인근에서 '7·2 전국 노동자 대회'를 열었습니다. 집회에 참가한 6만 명 정도의 노조원들 대부분은 폭염에 지친 듯 소위 '턱스크'를 하거나 마스크를 완전히 벗어 던지는 모습을 보였습니다.

#2 코로나 19 사태로 3년여 동안 중단됐던 예비군 소집 훈련이 지난달 재개됐습니다. 하지만 무더운 날씨 속 마스크 착용과 같은 방역 지침은 전혀 지켜지지 않는 모양새입니다. 고양 덕양구 '지축예비군훈련장'을 다녀온 서울 중구에 사는 B씨(25)도 '수십 명이 다닥다닥 붙어 동영상 시청을 하는 와중에 마스크를 제대로 착용한 이들은 손에 꼽을 정도였으며, 걸러내지 못한 확진자 한 명만 있었어도 집단 감염이 일어났을 것'이라며 걱정했습니다.

국내 코로나 19 감염자 수가 증가세로 돌아서면서 코로나 재유행에 대한 걱정이 커지고 있지만 시민들은 방역 수칙을 제대로 지키지 않는 등 '안전 불감증'에 빠진 모습을 보이고 있습니다.

아주경제(최태원 기자) | 2022.07.05.

기사 속 '안전 불감증'을 찾아보세요.

46 청와대

청와대는 2022년 5월 9일까지 사용한 대통령의 집을 말해요. 대통령이 일도 하고, 가족과 함께 생활도 하는 곳이었지요. 2022년 5월 10일에 대통령 집무실은 다른 곳으로 옮겨졌으며, 기존의 청와대는 국민들에게 개방되었어요.

본관에는 대통령의 집무실·접견실·회의실·주거실 따위가 있고, 주변 건물로는 춘추관·영빈관·칠궁·상춘재·침류각 따위와 넓은 정원이 있어요.

푸를 청

기와 와

대 대

청와대 지붕의 색깔을 바꾸면 청와대의 이름도 바뀔까?

냥냥톡 (talk)

청와대 관람이 가능하다는데, 거긴 대통령께서 계신 곳 아니냥?

원래는 대통령께서 일도 하고 가족들과 사는 곳이었어. 이제는 대통령 집무실을 다른 곳으로 옮겼고, 국민들이 관람할 수 있도록 개방되었지.

나도 가 보고 싶다. 그런데 왜 이름이 청와대야?

청와대는 한자 '푸를 청(靑)', '기와 와(瓦)' 자를 써서 '푸른 기와집'이라는 뜻이야. 건물의 겉모습에서 따온 이름이지.

그럼 붉은 기와집인 우리집은 앞으로 '홍와대'라고 불러야겠다.

청와대, '미술관+야외 공연장' 된다

'한국의 베르사유'로 만들겠다는 게 박보균 장관의 구상입니다.'

서울 세종로 청와대를 고급 미술관과 상설 공연장으로 바꾸는 미래 청사진을 문화체육관광부(이하 문체부)가 내놓았습니다. 우선 청와대 본관과 주요 건물에 미술관과 민간 대관 갤러리가 들어섭니다. 정원들은 조각 공원과 야외 공연장으로 활용됩니다.

박보균 문체부 장관은 21일 윤석열 대통령에게 청와대 활용 종합 청사진 프로젝트를 뼈대로 하는 새 정부 업무 계획을 보고했습니다. 17세기 프랑스 부르봉 왕조의 태양왕 루이 14세가 파리 남부 외곽에 거대한 인공 정원과 함께 바로크 문화의 중심으로 만든 베르사유 궁의 구조를 모델로 삼아 청와대를 자연 유산과 예술이 어우러진 공간으로 가꾸겠다는 것입니다.

'살아 숨 쉬는 청와대'를 목표로 한 청와대 활용 청사진 내역의 핵심은 '아트콤플렉스(문화예술단지)'입니다. 우선 청와대 얼굴인 본관과 관저는 원형을 보존해 관리하되 미술품 상설 전시장으로 재구성합니다.

한겨레(노형석 기자) | 2022.07.21.

기사 속 '청와대'를 찾아보세요.

47 대선

대선이란 대통령 선거의 줄임말로, 대통령을 뽑는 선거를 말해요. 대통령은 외국에 대해서는 우리나라를 대표하고 행정부의 으뜸이 되는 최고의 통치권자예요.

우리나라는 대선, 즉 대통령 선거에 참여할 수 있는 선거권이 18세 이상부터 주어져요. 선거에 입후보하여 당선인이 될 수 있는 권리는 40세 이상으로, 선거일 현재 5년 이상 국내에 살아야 해요.

클 대 가릴 선

난 대통령이 될 테야!
도대체, 어떻게?

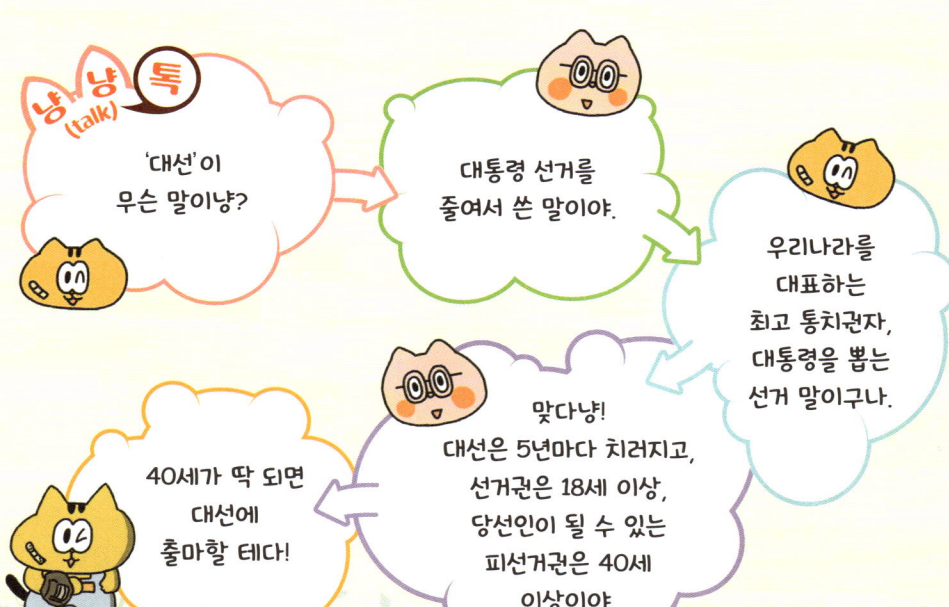

'대선'이 무슨 말이냥?

대통령 선거를 줄여서 쓴 말이야.

우리나라를 대표하는 최고 통치권자, 대통령을 뽑는 선거 말이구나.

맞다냥! 대선은 5년마다 치러지고, 선거권은 18세 이상, 당선인이 될 수 있는 피선거권은 40세 이상이야.

40세가 딱 되면 대선에 출마할 테다!

SNS에 대선 투표지 사진 올린 20대 벌금형

창원지법 형사 4부는 지난 제 20대 대통령 선거 당시 투표지를 SNS에 공개하여 재판에 넘겨진 29살 A씨에 대해 벌금 50만 원을 선고했습니다.

A씨는 대선일이었던 올해 3월 9일 경남 김해 한 투표소에서 자신의 투표지를 촬영해 글과 함께 SNS에 올린 일로 기소됐습니다. 또 인스타그램에 '비트코인 살려줘, 제발'이라는 글과 함께 이 사진을 게시한 것으로 조사됐습니다.

재판부는 "투표 비밀을 유지함과 아울러 공정하고 평온한 투표 절차를 보장하려는 공직선거법 목적에 비춰 죄책이 가볍지 않다."며 "피고인에게 선거에 영향을 미치려는 정치적인 의도나 목적이 있었다고 보기는 어려운 점 따위를 고려해 형을 정한다."고 판시했습니다.

KNN(윤혜른 기자) | 2022.07.13.

기사 속 '대선'을 찾아보세요.

48 시위

시위는 많은 사람이 자신들의 뜻을 표시하여 집회나 행진을 하며 힘을 드러내는 일을 뜻해요. 1인 시위도 있지만, 일반적으로는 여러 사람이 모여 의견을 표현하는 행동이지요. 이를 통해 정부에 영향력을 행사하기도 하고, 자신들의 의견을 시민들에게 알리기도 해요. 시위는 그 내용에 따라 공익을 추구하기도, 사익을 추구하기도 하죠.

보일 **시**

위엄 **위**

냥냥톡(talk)

시위는 많은 사람이 공공연하게 뜻을 표시하여 집회나 행진을 하며 힘을 나타내는 일이래.

한자로 '위엄 위' 자를 쓰는 까닭이 있었구나.

그렇지. 한자 그대로 풀이해도 '위엄을 보이다'라는 뜻이니까.

자신의 뜻을 표시하려면 힘이 필요하구나? 집에 가서 힘을 보이며 소고기 좀 먹자고 시위해야겠다!

그럴 땐 시위보다 부모님께 공손히 부탁을 드리는 게 더 낫지 않을까?

공부한 날: 월   일

'도심 속 숲' 광화문 광장에서 집회·시위 어려워진다

서울시가 오는 6일 재개장하는 광화문 광장에서 대규모 집회나 시위가 열리지 못하도록 엄격하게 결정할 계획입니다.

4일 시에 따르면 시는 시민에게 휴식 공간을 제공한다는 광화문 광장을 만든 목적에 따라 소음이 생기거나 통행을 방해할 수 있는 집회·시위는 허가하지 않겠다고 했습니다. 현행 서울시 조례에 따르면 광화문 광장의 사용 목적을 '시민의 건전한 여가 선용과 문화 활동'으로 정하고 있는데, '문화제' 형태로 광장 사용 허가를 얻어내 사실상 집회나 시위를 하는 경우가 많았습니다.

광화문 광장 자문단은 교통·법률·소음·경찰·행사의 5개 분야 전문가로 꾸렸습니다. 로비·항의 가능성이 있어 자문단 명단은 공개하지 않습니다. 이들은 사전 신고된 집회가 광화문 광장에서 열릴 수 있는 성격인지 검토합니다.

광화문 광장의 준수 사항을 지키지 않을 경우 관련 조례에 따라 사용 허가가 취소 또는 정지될 수 있고, 이후 1년간 광장 사용 허가가 제한될 수 있습니다.

데일리안(김하나 기자) | 2022.08.05.

기사 속 '시위'를 찾아보세요.

49 보이콧(Boycott)

보이콧은 어떤 대상의 옳지 않은 행위에 맞서기 위한 조직적이고 집단적인 거부 운동을 말해요.

보이콧은 항의 대상의 행동 형태를 고치기 위해 도덕성을 비난하거나 경제적 손실을 주는 모습으로 거부의 뜻을 표현하기도 해요. 소비자 불매 운동이 그 대표적인 사례예요.

 (talk)

옳지 않다고 생각하는 행위에 맞서는 거부 운동인 '보이콧'에 대해 들어봤어?

아이돌 그룹 이름인 줄…. 보이콧이란 말은 어떻게 생겼냥?

찰스 보이콧이란 농장 주인의 부당한 행위에 농민들이 똘똘 뭉쳐 거부를 했고, 오히려 보이콧이 쫓겨나게 된 이야기가 퍼져서, 어떤 일에 대해 여러 사람이 맞서 싸우는 일을 '보이콧'이라고 부르게 되었다고 해.

나도 우리집 대청소 모임을 보이콧해야겠다. 한창 놀아야 할 때에 대청소라니. 나에겐 놀 자유가 있다!

아마 너에겐 청소할 의무도 있을걸~.

국제인권단체 '베이징 올림픽 보이콧해야'

2022 베이징 동계 올림픽 개막을 앞두고 국제 인권 단체들이 '이번 동계 올림픽은 국제 사회가 중국 정부를 향해 국제 규칙을 지키도록 압력을 가할 수 있는 중요한 기회'라며 '각국 정부와 기업들이 중국 전역의 인권 옹호자들에게 구체적인 지지를 보여줘야 한다.'고 촉구했습니다.

휴먼라이츠워치(HRW) 외 243개 국제 비정부 단체들은 28일 온라인 기자회견을 열고 '중국 정부에 의한 심각한 범죄와 인권을 침해하는 행동이 계속되는 중'이라면서 "각국 정부의 외교적 보이콧은 물론, 선수 및 후원사들이 중국 정부의 인권 침해 행동을 정당화하지 말아야 한다."는 내용의 성명을 발표했습니다. 앞서 미국, 영국, 일본도 중국 내 인권 침해에 문제를 제기하며 '보이콧'을 결정한 바 있습니다.

이들은 이날 성명서를 통해 "시진핑(習近平) 국가주석 시절 중국 당국은 위구르족, 티베트인, 민족 모든 독립적인 종교 집단의 신도들에게 집단 학대를 가해왔다."며 "인권 운동가, 페미니스트, 변호사, 언론인을 박해함으로써 독립적인 시민 사회를 제거했다."고 비판했습니다.

프레시안(조성은 기자) | 2022.01.28.

기사 속 '보이콧'을 찾아보세요.

50 노쇼(No-Show)

노쇼란 예약을 한 후 취소 연락 없이 예약 장소에 오지 않는 행동으로, 예약 부도라고도 해요.

본래는 항공사에서 사용하는 업무 어휘였으나 1990년대 이후 예약이 필요한 음식점, 여행, 호텔, 병원과 같은 서비스업에서도 쓰이고 있어요. 노쇼로 인한 많은 피해가 발생하면서 최근에는 노쇼 고객들에게 위약금을 받거나 업무 방해 혐의로 처벌을 내리기도 해요.

거울 보다가 레스토랑 약속 시간에 늦었어.

이제 그 거울 나한테 줘. 노쇼 벌금이야!

냥냥톡(talk)

'노쇼'라는 말 들어봤어? 쇼(show)는 '보여주다, 나타나다'라는 뜻을 가진 말이야.

그렇다면 노쇼는 '나타나지 않다.'라는 의미냥?

원래는 비행기나 기차표를 구입하고도 나타나지 않는 것을 말했는데, 1990년대 이후부터 예약한 사람이 오지도 않고, 취소도 하지 않는 것도 노쇼라고 해. 우리 말로는 '예약 부도'라고 부르지.

그럼 예약을 받아준 곳에 피해가 생기잖아.

맞아. 예약은 약속이니까 노쇼는 안되지. 약속을 지킬 수 없을 때는 꼭 취소를 알릴 필요가 있어.

법원 '호날두 노쇼 사건, 주최사 책임'

'호날두 노쇼 사건'과 관련해 관중들이 행사 주최사를 상대로 낸 대규모 민사 소송에서 또다시 관중들이 승소했습니다.

15일 법조계에 따르면 서울중앙지법 민사합의21부(강민성 부장판사)는 A씨와 당시 관중 4,700여명이 ㈜더페스타를 상대로 낸 손해 배상 청구 소송에서 원고 일부 승소로 결정했습니다.

재판부는 피고인 더 페스타 측이 원고들에게 총 8억 6,987만 5,200원을 줘야 한다고 했습니다. 또한 소송 비용의 60 %는 피고인 더페스타가 내고 나머지 40 %는 원고들이 내도록 했습니다.

A씨와 당시 관중 4,700여명은 지난 2019년 7월 26일 서울 월드컵 경기장에서 열린 팀 K리그와 유벤투스의 친선 경기에 세계적인 축구 스타 크리스티아누 호날두(36)가 출전하지 않자 행사 주최사인 더페스타를 상대로 15억 3,000여만 원 상당의 입장료를 돌려달라는 소송을 냈습니다.

이데일리(이석무 기자) | 2021.08.15.

기사 속 '노쇼'를 찾아보세요.

이은경쌤의 요즘 초등 어휘
최신 시사

1판 1쇄 펴냄 | 2023년 9월 22일

지 은 이 | 이은경·장순월
발 행 인 | 김병준
편　　집 | 박유진·이현주
디 자 인 | 김용호
마 케 팅 | 김유정, 차현지
발 행 처 | 상상아카데미

등　　록 | 2010. 3. 11. 제313-2010-77호
주　　소 | 서울시 마포구 독막로 6길 11(합정동), 우대빌딩 2, 3층
전　　화 | 02-6953-8343(편집), 02-6925-4188(영업)
팩　　스 | 02-6925-4182
전자우편 | main@sangsangaca.com
홈페이지 | http://sangsangaca.com

ISBN 979-11-93379-00-4 (73300)